제8권 · 제자훈련 Ⅲ

그리스도인의 생활

KB206246

이문선 지음 · 두루제자훈련원 편

엔크리스토
ENCHRISTO

"예수께서 모든 도시와 마을에 두루 다니사
그들의 회당에서 가르치시며
천국 복음을 전파하시며
모든 병과 모든 약한 것을 고치시니라"

(마 9:35)

두루제자훈련원(두루선교회)은
예수님이 모든 도시와 마을에 두루 다니사
가르치시며(teaching ministry)
전파하시며(preaching ministry)
고치시는(healing ministry)
사역을 하신 것을 통하여
두루선교에 대한 비전을 가지고 사역하고 있다.

주님께서 우리에게 부탁하신 지상명령은 이 땅 위에 하나님의 나라를 확장하라는 것입니다.

하나님의 나라를 확장하려면 평신도들이 재생산하는 주님의 제자가 되어야 합니다.

주님의 교회는 성도들을 재생산하는 제자로 훈련시켜야 합니다.

이것은 교회 성장을 넘어 교회보다 더 큰 개념인 하나님 나라의 확장을 이루기 위한 것입니다. 우리는 지상명령을 실천하기 위하여 평신도를 무장하려고 합니다.

이 일을 위한 방편으로 그 동안 교회의 목회 현장에서 목회자들과 성도들과 청년들과 함께 공부해 오던 내용들을 정리하여 부족하지만 교재로 출간하게 되었습니다.

본인의 경우 부교역자 때 처음 청년부에 적용해 보았는데 그들이 예수님을 영접하고 말씀을 열심히 배우고 교회로 돌아오고 변화되는 것을 경험하였습니다.

교회를 개척하여 장년부에도 적용하여 보았는데 기존 교인들보다 오히려 초신자들이 더 열심히 배우고 빠르게 성장하는 것을 경험하였습니다.

고등학생 두 명을 데리고 제자성경공부를 시작하였는데 이들이 크게 성장하여 이후 대학에 들어가 캠퍼스에서 제자훈련을 실시하게 되었습니다.

복음을 듣고 교회 출석하여 6개월만에 학습 받고 캠퍼스 리더로 사역하는 모델도 나왔습니다. 큰 교회는 말할 것도 없거니와 작은 교회는 한번 실시해 보기를 권합니다.

개척교회라 사람이 없으면 여자반, 남자반, 청년반, 학생반 네 반을 만들어 각 반에 최소 두 명으로 시작해 볼 것을 권합니다. 교회가 건강하게 성장하고 성도들이 행복하게 신앙 생활하며 재생산하는 것을 경험하게 될 것입니다.

하나님께서 훈련되고 무장된 성도들을 구름 떼와 같이 일으키셔서 하나님의 나라가 크게 확장되어 가기를 소망합니다.

2006. 새해 아침에

이문선(Moon Sun Lee)

소감록

〉〉목회자반

믿음에서 출발하는 하나님과의 관계에서 구체적인 삶으로 전개되는 삶을 공부하였다. 그러면서 가슴 벅찬 하나님의 일하심을 경험하며 내가 하나님 안에 거한다는 감격과 감동의 축복을 누림에 감사가 넘친다.

기도의 삶에서는 전폭적으로 일하시는 성령의 기름부음이 충만함을 느끼면서 시간시간 너무 귀한 순간들이 지나감에 아쉽고 그 동안 주안에서 얼마나 게을렀는지 주 앞에 부끄럽기만 하다. 특히 전도의 삶에서는 주님이 주신 은혜의 감동과 전도에 대한 소원을 제한하고 전도대상자를 주셨음에도 지나치고 외면한 나의 보이지 않는 오만함을 주 앞에 부끄러이 고백한다. 이러한 결단을 통해 주께 집중하고 부끄럼 없는 하나님의 사랑 받는 지체가 될 것을 주 앞에 다짐해 본다. 그리스도인의 생활을 구체적이고 체계적이고 집중적으로 공부하게 되어 주님께 감사드린다.

〉〉평신도반

이번 단계는 그리스도인으로서 어떤 모습으로 살아가야 하는지를 깨달을 수 있었던 매우 귀한 시간들이었습니다.

한 시간 한 시간 세미나에 참석할 때마다 참된 그리스도인의 모습으로 살아가지 못했던 제 자신을 돌아보면서 수없이 마음의 찔림을 받아 회개했고 새롭게 깨달은 그리스도인의 생활을 적용하기 위해 노력했습니다.

이런 점에서 이번 단계는 저에게 있어서 몸에 좋은 약은 입에 쓰다는 말처럼 보약과 같은 아주 쓴 시간이었고 또 송이 꿀보다 더 달콤한 시간이었습니다. 참된 예수님의 제자의 모습을 갖춘 그리스도인으로 살아가는 방법을 전수해 주신 것을 감사드립니다.

주님의 가르침대로 수직적으로는 말씀과 기도를 통해 하나님과의 관계를 바로 세우고 수평적으로는 성도들과 교제하고 세상을 향해 복음을 전하는 삶을 살도록 하겠습니다.

제8권 230 제자훈련과정 3단계
그리스도인의 생활

그리스도인의 생활의 원리들을 배우고 그 생활의
원리에 따라 살아가도록 돕고 있다.

…이 책을 사용하는 이에게

1. 성령의 인도하심과 깨닫게 해 주시기를 위해 기도하십시오.

2. 결석과 지각을 하지 않고 성실히 참석하도록 하십시오.

3. 예습과 복습을 철저히 하십시오.

4. 각 참고 구절의 배경과 의미를 파악하십시오.

5. 토의에 적극 참여하도록 하십시오.

6. 열린 마음으로 정답이 아니라 자신의 생각을 나누십시오.

7. 작은 실천을 구체적으로 적용하십시오.

8. 적용한 것을 실천하기 위해 기도하십시오.

9. 지식적인 성경공부보다 인격과 삶의 변화에 힘쓰십시오.

10. 각 과의 소감과 깨달은 말씀을 정리해 놓으십시오.

11. 과제를 철저히 하는 습관을 기르십시오.

12. 매일 경건 생활을 훈련하는 습관을 기르십시오.

1. 믿음의 삶

"복음에는 하나님의 의가 나타나서 믿음으로 믿음에 이르게 하나니 기록된 바
오직 의인은 믿음으로 말미암아 살리라 함과 같으니라" (롬 1:17)

1

그리스도인의 삶의 원리 가운데 하나가 믿음으로 사는 삶입니다. 그리스도인의 삶은 믿음으로 시작해서 믿음으로 살다가 믿음으로 마치는 삶입니다. 이 세상에서 저 천국까지 믿음의 여행인 셈입니다.

(롬 1:17) 복음에는 하나님의 의가 나타나서 믿음으로 믿음에 이르게 하나니 기록된 바 오직 의인은 믿음으로 말미암아 살리라

(갈 2:20) 이제 내가 육체 가운데 사는 것은 나를 사랑하사 나를 위하여 자기 자신을 버리신 하나님의 아들을 믿는 믿음 안에서 사는 것이라

1. 믿음이란 무엇입니까?

믿음은 진리에 대한 지식(지)과 진리에 대한 동의(정)와 진리에 대한 신뢰(의) 이 세 가지 요소를 내포합니다.

1) 믿어야 할 대상과 내용을 구체적으로 정리해 보십시오.

(창 15:6) 아브람이 여호와를 믿으니 여호와께서 이를 그의 의로 여기시고

(히 11:3) 믿음으로 모든 세계가 하나님의 말씀으로 지어진 줄을 우리가 아나니

(벧전 1:21) 너희는 그를 죽은 자 가운데서 살리시고 영광을 주신 하나님을 그리스도로 말미암아 믿는 자니

(요 20:31) 오직 이것을 기록함은 너희로 예수께서 하나님의 아들 그리스도이심을 믿게 하려 함이요 또 너희로 믿고 그 이름을 힘입어 생명을 얻게 하려 함이니라

(롬 10:9) 네가 만일 네 입으로 예수를 주로 시인하며 또 하나님께서 그를 죽은 자 가운데서 살리신 것을 네 마음에 믿으면 구원을 받으리라

(행 27:25) 나는 내게 말씀하신 그대로 되리라고 하나님을 믿노라

(요 12:11) 나사로 때문에 많은 유대인이 가서 예수를 믿음이러라

(골 2:12) 죽은 자들 가운데서 그를 일으키신 하나님의 역사를 믿음으로 말미암아 그 안에서 함께 일으키심을 받았느니라

2) 믿음이란 무엇인지 나름대로 정의해 보십시오.

3) 내가 믿지 못하는 것은 무엇이고 그 이유는 무엇입니까?

4) 내가 의지하지 말아야 할 것들은 무엇입니까?
내가 지금까지 의지해 왔던 것들은 무엇이고 어떻게 하겠습니까?

2. 믿음의 사람들

1) 위대한 믿음의 사람들은 어떤 신앙의 특징들을 가지고 있습니까?

(히 11:4) 믿음으로 아벨은 가인보다 더 나은 제사를 하나님께 드림으로 의로운 자라 하시는 증거를 얻었으니 하나님이 그 예물에 대하여 증언하심이라

(히 11:5) 믿음으로 에녹은 죽음을 보지 않고 옮겨졌으니 하나님이 그를 옮기심으로 다시 보이지 아니하였느니라 그는 옮겨지기 전에 하나님을 기쁘시게 하는 자라 하는 증거를 받았느니라

(히 11:7) 믿음으로 노아는 아직 보이지 않는 일에 경고하심을 받아 경외함으로 방주를 준비하여 그 집을 구원하였으니 이로 말미암아 세상을 정죄하고 믿음을 따르는 의의 상속자가 되었느니라

(히 11:8) 믿음으로 아브라함은 부르심을 받았을 때에 순종하여 장래의 유업으로 받을 땅에 나아갈새 갈 바를 알지 못하고 나아갔으며

(히 11:11) 믿음으로 사라 자신도 나이가 많아 단산하였으나 잉태할 수 있는 힘을 얻었으니 이는 약속하신 이를 미쁘신 줄 알았음이라

(히 11:24) 믿음으로 모세는 장성하여 바로의 공주의 아들이라 칭함 받기를 거절하고 (히 11:25) 도리어 하나님의 백성과 함께 고난 받기를 잠시 죄악의 낙을 누리는 것보다 더 좋아하고 (히 11:26) 그리스도를 위하여 받는 수모를 애굽의 모든 보화보다 더 큰 재물로 여겼으니 이는 상 주심을 바라봄이라

2) 믿음으로 산 사람들은 어떤 고난들을 당하기도 하였습니까?

(히 11:36) 또 어떤 이들은 조롱과 채찍질뿐 아니라 결박과 옥에 갇히는 시련도 받았으며 (히 11:37) 돌로 치는 것과 톱으로 켜는 것과 시험과 칼로 죽임을 당하고 양과 염소의 가죽을 입고 유리하여 궁핍과 환난과 학대를 받았으니 (히 11:38) (이런 사람은 세상이 감당하지 못하느니라) 그들이 광야와 산과 동굴과 토굴에 유리하였느니라

3) 나는 신앙의 위인들 중 그들의 어떤 면을 본받고 싶습니까?

4) 나는 신앙의 어떤 면이 부족하다고 생각하십니까?
나는 신앙의 부족한 부분을 어떻게 보완하겠습니까?

3. 믿음의 근원과 방편

1) 믿음이 오는 근원과 그 방편은 무엇입니까?

(고전 2:5) 너희 믿음이 사람의 지혜에 있지 아니하고 다만 하나님의 능력에 있게 하려 하였노라

(행 3:16) 그 이름을 믿으므로 그 이름이 너희가 보고 아는 이 사람을 성하게 하였나니 예수로 말미암아 난 믿음이 너희 모든 사람 앞에서 이같이 완전히 낫게 하였느니라

(고전 12:9) 다른 사람에게는 같은 성령으로 믿음을

(롬 10:17) 그러므로 믿음은 들음에서 나며 들음은 그리스도의 말씀으로 말미암았느니라

(막 9:24) 곧 그 아이의 아버지가 소리를 질러 이르되 내가 믿나이다 나의 믿음 없는 것을 도와 주소서 하더라

(살전 3:10) 주야로 심히 간구함은 너희 얼굴을 보고 너희 믿음이 부족한 것을 보충하게 하려 함이라

2) 나는 믿음의 성장을 위해 어떤 면이 부족하다고 생각합니까?
나는 믿음의 성장을 위해 어떻게 하겠습니까?

3) 믿음이 떨어지는 것은 어떤 경우입니까?

(딤전 5:11-12) 젊은 과부는 올리지 말지니 이는 정욕으로 그리스도를 배반할 때

에 시집 가고자 함이니 처음 믿음을 저버렸으므로 정죄를 받느니라

(딤전 6:10) 돈을 사랑함이 일만 악의 뿌리가 되나니 이것을 탐내는 자들은 미혹을 받아 믿음에서 떠나 많은 근심으로써 자기를 찔렀도다

(딤전 6:20-21) 디모데야 망령되고 헛된 말과 거짓된 지식의 반론을 피함으로 네게 부탁한 것을 지키라 이것을 따르는 사람들이 있어 믿음에서 벗어났느니라

4) 나의 신앙생활 가운데 이런 요소들이 있다면 말해 보십시오.
나의 믿음이 떨어지지 않기 위해 나는 구체적으로 무엇을 하겠습니까?

4. 믿음의 종류

1) 믿음에는 어떤 종류들이 있습니까?

(마 6:30) 오늘 있다가 내일 아궁이에 던져지는 들풀도 하나님이 이렇게 입히시거든 하물며 너희일까보냐 믿음이 작은 자들아

(마 8:26) 예수께서 이르시되 어찌하여 무서워하느냐 믿음이 작은 자들아 하시고 곧 일어나사 바람과 바다를 꾸짖으시니 아주 잔잔하게 되거늘

(마 14:31) 예수께서 즉시 손을 내밀어 그를 붙잡으시며 이르시되 믿음이 작은 자여 왜 의심하였느냐 하시고

(마 16:8) 예수께서 아시고 이르시되 믿음이 작은 자들아 어찌 떡이 없으므로 서로 논의하느냐

(마 17:20) 이르시되 너희 믿음이 작은 까닭이니라 진실로 너희에게 이르노니 만일 너희에게 믿음이 겨자씨 한 알 만큼만 있어도 이 산을 명하여 여기서 저기로 옮겨지라 하면 옮겨질 것이요 또 너희가 못할 것이 없으리라

(마 8:10) 이스라엘 중 아무에게서도 이만한 믿음을 보지 못하였노라

(마 15:28) 이에 예수께서 대답하여 이르시되 여자여 네 믿음이 크도다 네 소원대로 되리라 하시니 그 때로부터 그의 딸이 나으니라

(롬 4:19-20) 그가 백 세나 되어 자기 몸이 죽은 것 같고 사라의 태가 죽은 것 같

음을 알고도 믿음이 약하여지지 아니하고 믿음이 없어 하나님의 약속을 의심하지 않고 믿음으로 견고하여져서 하나님께 영광을 돌리며

(롬 14:1) 믿음이 연약한 자를 너희가 받되 그의 의견을 비판하지 말라

(살전 3:10) 주야로 심히 간구함은 너희 얼굴을 보고 너희 믿음이 부족한 것을 보충하게 하려 함이라

(약 2:22) 네가 보거니와 믿음이 그의 행함과 함께 일하고 행함으로 믿음이 온전하게 되었느니라

(딤후 1:5) 이는 네 속에 거짓이 없는 믿음이 있음을 생각함이라

(딤전 1:19) 믿음과 착한 양심을 가지라 어떤 이들은 이 양심을 버렸고 그 믿음에 관하여는 파선하였느니라

(롬 4:20) 믿음이 없어 하나님의 약속을 의심하지 않고 믿음으로 견고하여져서 하나님께 영광을 돌리며

(약 1:6) 오직 믿음으로 구하고 조금도 의심하지 말라 의심하는 자는 마치 바람에 밀려 요동하는 바다 물결 같으니

(약 2:18) 어떤 사람은 말하기를 너는 믿음이 있고 나는 행함이 있으니 행함이 없는 네 믿음을 내게 보이라 나는 행함으로 내 믿음을 네게 보이리라 하리라

(요 20:29) 너는 나를 본 고로 믿느냐 보지 못하고 믿는 자들은 복되도다 하시니라

(약 2:5) 하나님이 세상에서 가난한 자를 택하사 믿음에 부요하게 하시고

2) 여러 가지 믿음들의 내용을 구체적으로 말해 보십시오.

3) 나의 신앙은 어떤 종류의 믿음입니까?

4) 나의 믿음의 문제는 무엇이고 어떻게 하겠습니까?

5. 믿음과 생활

1) 믿음과 관련된 생활은 어떤 것들이 있습니까?

(갈 3:2) 너희가 성령을 받은 것이 율법의 행위로냐 혹은 듣고 믿음으로냐

(빌 2:17) 만일 너희 믿음의 제물과 섬김 위에 내가 나를 전제로 드릴지라도 나는 기뻐하고 너희 무리와 함께 기뻐하리니

(몬 1:6) 이로써 네 믿음의 교제가 우리 가운데 있는 선을 알게 하고 그리스도께 이르도록 역사하느니라

(약 5:15) 믿음의 기도는 병든 자를 구원하리니 주께서 그를 일으키시리라

(살전 1:3) 너희의 믿음의 역사와 사랑의 수고와 우리 주 예수 그리스도에 대한 소망의 인내를 우리 하나님 아버지 앞에서 끊임없이 기억함이니

(막 16:17-18) 믿는 자들에게는 이런 표적이 따르리니 곧 그들이 내 이름으로 귀신을 쫓아내며 새 방언을 말하며 뱀을 집어올리며 무슨 독을 마실지라도 해를 받지 아니하며 병든 사람에게 손을 얹은즉 나으리라

(엡 1:19) 그의 힘의 위력으로 역사하심을 따라 믿는 우리에게 베푸신 능력의 지극히 크심이 어떠한 것을 너희로 알게 하시기를 구하노라

(롬 1:5) 그로 말미암아 우리가 은혜와 사도의 직분을 받아 그의 이름을 위하여 모든 이방인 중에서 믿어 순종하게 하나니

(행 6:5) 온 무리가 이 말을 기뻐하여 믿음과 성령이 충만한 사람 스데반과 또 빌립과

(고전 13:2) 산을 옮길 만한 모든 믿음이 있을지라도 사랑이 없으면 내가 아무 것도 아니요

(롬 4:18) 아브라함이 바랄 수 없는 중에 바라고 믿었으니 이는 네 후손이 이같으리라 하신 말씀대로 많은 민족의 조상이 되게 하려 하심이라

(히 11:13) 이 사람들은 다 믿음을 따라 죽었으며 약속을 받지 못하였으되

(요 11:25) 나는 부활이요 생명이니 나를 믿는 자는 죽어도 살겠고

2) 믿음에 대한 인간의 책임은 무엇입니까?

(막 11:24) 그러므로 내가 너희에게 말하노니 무엇이든지 기도하고 구하는 것은 받은 줄로 믿으라 그리하면 너희에게 그대로 되리라

(골 1:23) 만일 너희가 믿음에 거하고 터 위에 굳게 서서 너희 들은 바 복음의 소망에서 흔들리지 아니하면 그리하리라

(고전 16:13) 깨어 믿음에 굳게 서서 남자답게 강건하라

(딤전 6:12) 믿음의 선한 싸움을 싸우라 영생을 취하라

(엡 6:16) 모든 것 위에 믿음의 방패를 가지고 이로써 능히 악한 자의 모든 불화살을 소멸하고

(딤후 4:7) 나는 선한 싸움을 싸우고 나의 달려갈 길을 마치고 믿음을 지켰으니

(빌 1:25) 내가 살 것과 너희 믿음의 진보와 기쁨을 위하여 너희 무리와 함께 거할 이것을 확실히 아노니

(살전 1:8) 하나님을 향하는 너희 믿음의 소문이 각처에 퍼졌으므로

(살후 1:3) 너희의 믿음이 더욱 자라고

(딤후 2:22) 또한 너는 청년의 정욕을 피하고 주를 깨끗한 마음으로 부르는 자들과 함께 의와 믿음과 사랑과 화평을 따르라

3) 나는 오직 믿음으로 살고 있습니까?
아니면 다른 무엇을 덧붙이는 것은 없습니까?

4) 믿음을 주신 하나님께 감사드리고 내가 믿음이 부족하다면 믿음을 더해달라고 기도하십시오.

이 과를 마치면서

1. 믿음으로 주어지는 축복에는 어떤 것들이 있는지 말해 보십시오.
   (벧전 1:9) 믿음의 결국 곧 영혼의 구원을 받음이라

소감 및 깨달은 말씀

2. 성령의 삶

"만일 우리가 성령으로 살면 또한 성령으로 행할지니" (갈 5:25)

2

그리스도인의 생활의 중요한 원리 가운데 하나는 성령으로 사는 삶입니다.

우리는 믿음으로 성령 받고 성령에 의해 살아갑니다.

성령으로 사는 것은 그리스도인의 새로운 삶의 원리입니다.

(갈 5:25) 만일 우리가 성령으로 살면 또한 성령으로 행할지니

여기서는 성령으로 산다는 표현을 하고 있습니다.

18절에서는 '성령으로 인도함을 받는다' 고 했고 16절에서는 '성령을 좇아 행하라(걷는다)' 고 말하고 있습니다.

'성령으로 산다' , '성령의 인도함을 받는다' , '성령을 좇아 행한다' 는 다 같은 표현이라고 봅니다.

성령의 인도하심을 받는다는 것이 수동태라면 성령을 좇아 행하는 것은 능동태입니다.

우리를 인도하시는 분은 성령이시나 성령을 좇아 행하는 것은 우리입니다.

성령의 이끌림을 받는다는 것은 이끌림을 받는 자의 자발적인 순종을 함께 내포합니다.

'성령을 좇아 행하다'에서 '행하다'라는 동사는 '걸어가다', '살다'라는 뜻입니다.

그리고 '성령을 좇아'는 여격으로 '성령 안에서' 보다는 '성령에 의해서'(by the Spirit)입니다.

그렇다면 '성령을 좇아 행하다' 란 '성령에 의해서 살아가는 것'을 말합니다.

동사의 시제가 현재형이므로 '계속해서 성령으로 살아가라'는 것입니다.

그러니까 성령으로 사는 삶은 성령의 인도하심을 받아 성령을 좇아 행하는 것입니다.

1. 성령과 예수님

1) 예수님과 관련된 성령의 사역은 무엇입니까?

(눅 1:35) 천사가 대답하여 이르되 성령이 네게 임하시고 지극히 높으신 이의 능력이 너를 덮으시리니 이러므로 나실 바 거룩한 이는 하나님의 아들이라 일컬어지리라

(사 11:1) 이새의 줄기에서 한 싹이 나며 그 뿌리에서 한 가지가 나서 결실할 것이요

(사 11:2) 여호와의 영 곧 지혜와 총명의 영이요 모략과 재능의 영이요 지식과 여호와를 경외하는 영이 강림하시리니

(사 42:1) 내가 붙드는 나의 종, 내 마음에 기뻐하는 자 곧 내가 택한 사람을 보라 내가 나의 영을 그에게 주었은즉 그가 이방에 정의를 베풀리라

(요 3:34) 하나님이 보내신 이는 하나님의 말씀을 하나니 이는 하나님이 성령을 한량 없이 주심이니라

(마 3:16) 예수께서 세례를 받으시고 곧 물에서 올라오실새 하늘이 열리고 하나님의 성령이 비둘기 같이 내려 자기 위에 임하심을 보시더니

(눅 4:1) 예수께서 성령의 충만함을 입어 요단 강에서 돌아오사 광야에서 사십

일 동안 성령에게 이끌리시며

(눅 4:14) 예수께서 성령의 능력으로 갈릴리에 돌아가시니 그 소문이 사방에 퍼졌고

(행 10:38) 하나님이 나사렛 예수에게 성령과 능력을 기름 붓듯 하셨으매 그가 두루 다니시며 선한 일을 행하시고 마귀에게 눌린 모든 사람을 고치셨으니 이는 하나님이 함께 하셨음이라

(눅 4:18) 주의 성령이 내게 임하셨으니 이는 가난한 자에게 복음을 전하게 하시려고 내게 기름을 부으시고 나를 보내사 포로 된 자에게 자유를, 눈 먼 자에게 다시 보게 함을 전파하며 눌린 자를 자유롭게 하고

(마 12:28) 그러나 내가 하나님의 성령을 힘입어 귀신을 쫓아내는 것이면 하나님의 나라가 이미 너희에게 임하였느니라

(히 9:14) 하물며 영원하신 성령으로 말미암아 흠 없는 자기를 하나님께 드린 그리스도의 피가 어찌 너희 양심을 죽은 행실에서 깨끗하게 하고 살아 계신 하나님을 섬기게 하지 못하겠느냐

(롬 8:11) 예수를 죽은 자 가운데서 살리신 이의 영이 너희 안에 거하시면 그리스도 예수를 죽은 자 가운데서 살리신 이가 너희 안에 거하시는 그의 영으로 말미암아 너희 죽을 몸도 살리시리라

(행 2:33) 하나님이 오른손으로 예수를 높이시매 그가 약속하신 성령을 아버지께 받아서 너희가 보고 듣는 이것을 부어 주셨느니라

2) 예수님과 관련된 성령의 사역을 구체적으로 설명해 보십시오.

3) 예수님이 성령으로 사셨다면 나는 더욱 성령으로 살아야 합니다. 그런데 나는 어떻게 살고 있습니까?

4) 나는 이제 성령으로 살기 위해 어떻게 하겠습니까?

2. 성령과 개인

1) 개인과 관련된 성령의 사역은 무엇입니까?

(요 3:5) 예수께서 대답하시되 진실로 진실로 네게 이르노니 사람이 물과 성령으로 나지 아니하면 하나님의 나라에 들어갈 수 없느니라

(롬 8:2) 이는 그리스도 예수 안에 있는 생명의 성령의 법이 죄와 사망의 법에서 너를 해방하였음이라

(요 14:16) 내가 아버지께 구하겠으니 그가 또 다른 보혜사를 너희에게 주사 영원토록 너희와 함께 있게 하리니

(요 14:17) 그는 진리의 영이라 세상은 능히 그를 받지 못하나니 이는 그를 보지도 못하고 알지도 못함이라 그러나 너희는 그를 아나니 그는 너희와 함께 거하심이요 또 너희 속에 계시겠음이라

(살후 2:13) 주께서 사랑하시는 형제들아 우리가 항상 너희에 관하여 마땅히 하나님께 감사할 것은 하나님이 처음부터 너희를 택하사 성령의 거룩하게 하심과 진리를 믿음으로 구원을 받게 하심이니

(갈 5:16) 내가 이르노니 너희는 성령을 따라 행하라 그리하면 육체의 욕심을 이루지 아니하리라 (갈 5:17) 육체의 소욕은 성령을 거스르고 성령은 육체를 거스르나니 이 둘이 서로 대적함으로 너희가 원하는 것을 하지 못하게 하려 함이니라

(롬 8:14) 무릇 하나님의 영으로 인도함을 받는 사람은 곧 하나님의 아들이라

(요 14:16) 내가 아버지께 구하겠으니 그가 또 다른 보혜사를 너희에게 주사 영원토록 너희와 함께 있게 하리니

(빌 1:19) 이것이 너희의 간구의 예수 그리스도의 성령의 도우심으로 나를 구원에 이르게 할 줄 아는 고로

(엡 3:16) 그의 영광의 풍성함을 따라 그의 성령으로 말미암아 너희 속사람을 능력으로 강건하게 하시오며

(엡 1:19) 그의 힘의 위력으로 역사하심을 따라 믿는 우리에게 베푸신 능력의 지

극히 크심이 어떠한 것을 너희로 알게 하시기를 구하노라

(엡 1:20) 그의 능력이 그리스도 안에서 역사하사 죽은 자들 가운데서 다시 살리시고 하늘에서 자기의 오른편에 앉히사

(롬 15:18) 그리스도께서 이방인들을 순종하게 하기 위하여 나를 통하여 역사하신 것 외에는 내가 감히 말하지 아니하노라 그 일은 말과 행위로 (롬 15:19) 표적과 기사의 능력으로 성령의 능력으로 이루어졌으며

(롬 8:11) 예수를 죽은 자 가운데서 살리신 이의 영이 너희 안에 거하시면 그리스도 예수를 죽은 자 가운데서 살리신 이가 너희 안에 거하시는 그의 영으로 말미암아 너희 죽을 몸도 살리시리라

2) 개인과 관련된 성령의 사역을 설명해 보십시오.

3) 나는 날마다 성령의 인도하심과 그 능력으로 살아가고 있습니까? 내가 성령의 능력으로 살아가지 못하는 이유는 무엇입니까?

4) 나는 거룩한 생활을 위해 어떻게 하겠습니까?

3. 성령과 교회

1) 교회와 관련된 성령의 사역은 무엇입니까?

(고전 12:13) 우리가 유대인이나 헬라인이나 종이나 자유인이나 다 한 성령으로 세례를 받아 한 몸이 되었고 또 다 한 성령을 마시게 하셨느니라

(행 6:3) 형제들아 너희 가운데서 성령과 지혜가 충만하여 칭찬 받는 사람 일곱을 택하라 우리가 이 일을 그들에게 맡기고

(행 20:28) 여러분은 자기를 위하여 또는 온 양 떼를 위하여 삼가라 성령이 그들 가운데 여러분을 감독자로 삼고 하나님이 자기 피로 사신 교회를 보살피게 하셨느니라

(고전 12:4) 은사는 여러 가지나 성령은 같고

(고전 12:7) 각 사람에게 성령을 나타내심은 유익하게 하려 하심이라

(빌 3:3) 하나님의 성령으로 봉사하며 그리스도 예수로 자랑하고 육체를 신뢰하지 아니하는 우리가 곧 할례파라

(행 1:8) 오직 성령이 너희에게 임하시면 너희가 권능을 받고 예루살렘과 온 유대와 사마리아와 땅 끝까지 이르러 내 증인이 되리라 하시니라

(행 9:31) 그리하여 온 유대와 갈릴리와 사마리아 교회가 평안하여 든든히 서 가고 주를 경외함과 성령의 위로로 진행하여 수가 더 많아지니라

(행 13:4) 두 사람이 성령의 보내심을 받아 실루기아에 내려가 거기서 배 타고 구브로에 가서

(계 2:7) 귀 있는 자는 성령이 교회들에게 하시는 말씀을 들을지어다

2) 교회와 관련된 성령의 사역을 설명해 보십시오.

3) 나는 성령의 능력으로 교회를 섬겼습니까?
내가 교회를 섬기는 데 문제가 있었다면 그것은 무엇이었습니까?

4) 나는 은사를 따라 은사에 맞는 위치에서 봉사하고 있습니까?
나는 효과적인 봉사를 위해 성령의 은사를 어떻게 계발하겠습니까?

4. 성령과 말씀
1) 말씀과 관련된 성령의 사역은 무엇입니까?

(고전 2:9) 기록된 바 하나님이 자기를 사랑하는 자들을 위하여 예비하신 모든 것은 눈으로 보지 못하고 귀로 듣지 못하고 사람의 마음으로 생각하지도 못하였다 함과 같으니라

(고전 2:10) 오직 하나님이 성령으로 이것을 우리에게 보이셨으니 성령은 모든 것 곧 하나님의 깊은 것까지도 통달하시느니라

(고전 2:14) 육에 속한 사람은 하나님의 성령의 일들을 받지 아니하나니 이는 그것들이 그에게는 어리석게 보임이요, 또 그는 그것들을 알 수도 없나니 그러한 일은 영적으로 분별되기 때문이라

(요일 2:27) 너희는 주께 받은 바 기름 부음이 너희 안에 거하나니 아무도 너희를 가르칠 필요가 없고 오직 그의 기름 부음이 모든 것을 너희에게 가르치며

(요 16:13) 그러나 진리의 성령이 오시면 그가 너희를 모든 진리 가운데로 인도하시리니 그가 스스로 말하지 않고 오직 들은 것을 말하며 장래 일을 너희에게 알리시리라

(요 14:26) 보혜사 곧 아버지께서 내 이름으로 보내실 성령 그가 너희에게 모든 것을 가르치고 내가 너희에게 말한 모든 것을 생각나게 하리라

(요 15:26) 내가 아버지께로부터 너희에게 보낼 보혜사 곧 아버지께로부터 나오시는 진리의 성령이 오실 때에 그가 나를 증언하실 것이요

(고전 2:4) 내 말과 내 전도함이 설득력 있는 지혜의 말로 하지 아니하고 다만 성령의 나타나심과 능력으로 하여

(막 13:11) 사람들이 너희를 끌어다가 넘겨 줄 때에 무슨 말을 할까 미리 염려하지 말고 무엇이든지 그 때에 너희에게 주시는 그 말을 하라 말하는 이는 너희가 아니요 성령이시니라

(눅 12:12) 마땅히 할 말을 성령이 곧 그 때에 너희에게 가르치시리라 하시니라

2) 말씀과 관련된 성령의 사역을 설명해 보십시오.

3) 나는 말씀을 잘 깨닫고 있습니까?
내가 말씀을 잘 깨닫지 못하는 이유는 무엇입니까?

4) 나는 말씀을 증거할 때 어떻게 하겠습니까?

5. 성령과 기도

1) 기도와 관련된 성령의 사역은 무엇입니까?

(슥 12:10) 내가 다윗의 집과 예루살렘 주민에게 은총과 간구하는 심령을 부어 주리니

(유 1:20) 사랑하는 자들아 너희는 너희의 지극히 거룩한 믿음 위에 자신을 세우며 성령으로 기도하며

(엡 6:18) 모든 기도와 간구를 하되 항상 성령 안에서 기도하고

(롬 8:26) 이와 같이 성령도 우리의 연약함을 도우시나니 우리는 마땅히 기도할 바를 알지 못하나 오직 성령이 말할 수 없는 탄식으로 우리를 위하여 친히 간구하시느니라

(롬 8:27) 마음을 살피시는 이가 성령의 생각을 아시나니 이는 성령이 하나님의 뜻대로 성도를 위하여 간구하심이니라

(고전 14:14) 내가 만일 방언으로 기도하면 나의 영이 기도하거니와 나의 마음은 열매를 맺지 못하리라

2) 기도와 관련된 성령의 사역을 설명해 보십시오.

3) 나의 기도는 성령으로 하는 기도일 때가 많습니까?
아니면 내가 원하는 것을 이루기 위한 기도일 때가 많습니까?
나의 기도에서 무엇이 잘못되었습니까?

4) 나는 성령으로 기도하기 위해 어떻게 하겠습니까?

이 과를 마치면서

1. 우리의 모든 신앙생활은 성령으로 사는 삶입니다.
   성령으로 사는 삶을 위해 날마다 성령의 충만함을 구하십시오.

소감 및 깨달은 말씀

3. 사랑의 삶

"누구든지 하나님을 사랑하노라 하고 그 형제를 미워하면 이는 거짓말하는 자니
보는 바 그 형제를 사랑하지 아니하는 자는 보지 못하는 바
하나님을 사랑할 수 없느니라" (요일 4:20)

3

그리스도인의 삶의 원리는 사랑으로 사는 삶입니다.

사랑의 삶은 하나님의 사랑에 응답해서 하나님과 사람을 사랑하며 사는 것을 말합니다.

사랑에는 몇 가지 종류가 있습니다.

스테르고(Stergo)는 본능적 사랑으로 부모와 자식 간의 사랑과 같은 것입니다. 에로스(Eros)는 이성 간의 사랑입니다.

필레오(Phileo)는 친구 간의 사랑을 말합니다.

아가페(Agape)는 하나님의 사랑을 말하는 것으로 받을 자격이 없는 사람에게 값없이 주시는 사랑입니다.

이것은 무조건적이고 희생적인 사랑입니다.

아들을 십자가에 내어 주신 최고의 사랑입니다.

이러한 사랑들은 상호보완적입니다.

1. 사랑의 원천

1) 사랑의 원천은 누구입니까?

(요일 4:7) 사랑은 하나님께 속한 것이니 사랑하는 자마다 하나님으로부터 나서 하나님을 알고 (요일 4:8) 사랑하지 아니하는 자는 하나님을 알지 못하나니 이는 하나님은 사랑이심이라

(갈 2:20) 이제 내가 육체 가운데 사는 것은 나를 사랑하사 나를 위하여 자기 자신을 버리신 하나님의 아들을 믿는 믿음 안에서 사는 것이라

(롬 5:5) 소망이 우리를 부끄럽게 하지 아니함은 우리에게 주신 성령으로 말미암아 하나님의 사랑이 우리 마음에 부은 바 됨이니

2) 하나님의 사랑은 어떤 사랑입니까?

(신 10:15) 여호와께서 오직 네 조상들을 기뻐하시고 그들을 사랑하사 그들의 후손인 너희를 만민 중에서 택하셨음이 오늘과 같으니라

(신 7:8) 여호와께서 다만 너희를 사랑하심으로 말미암아, 또는 너희의 조상들에게 하신 맹세를 지키려 하심으로 말미암아 자기의 권능의 손으로 너희를 인도하여 내시되 너희를 그 종 되었던 집에서 애굽 왕 바로의 손에서 속량하셨나니

(렘 31:3) 내가 영원한 사랑으로 너를 사랑하기에

(요 3:16) 하나님이 세상을 이처럼 사랑하사 독생자를 주셨으니 이는 그를 믿는 자마다 멸망하지 않고 영생을 얻게 하려 하심이라

3) 그리스도인이란 하나님의 사랑하심을 입은 자들입니다.
내가 경험한 하나님의 사랑을 말해 보십시오.

4) 나는 십자가에서 나 대신 돌아가신 주님의 사랑에 어떻게 보답하겠습니까?

2. 사랑의 대상과 방법

1) 우리가 사랑해야 할 대상을 말해 보십시오.

(마 22:37-38) 예수께서 이르시되 네 마음을 다하고 목숨을 다하고 뜻을 다하여 주 너의 하나님을 사랑하라 하셨으니 이것이 크고 첫째 되는 계명이요

(요일 5:3) 하나님을 사랑하는 것은 이것이니 우리가 그의 계명들을 지키는 것이라

(시 97:10) 여호와를 사랑하는 너희여 악을 미워하라

(엡 6:24) 우리 주 예수 그리스도를 변함 없이 사랑하는 모든 자에게 은혜가 있을지어다

(시 119:127) 그러므로 내가 주의 계명들을 금 곧 순금보다 더 사랑하나이다

(마 22:39) 둘째도 그와 같으니 네 이웃을 네 자신 같이 사랑하라 하셨으니

(마 22:40) 이 두 계명이 온 율법과 선지자의 강령이니라

(요일 4:20) 누구든지 하나님을 사랑하노라 하고 그 형제를 미워하면 이는 거짓말하는 자니 보는 바 그 형제를 사랑하지 아니하는 자는 보지 못하는 바 하나님을 사랑할 수 없느니라 (요일 4:21) 하나님을 사랑하는 자는 또한 그 형제를 사랑할지니라

(요 13:34) 새 계명을 너희에게 주노니 서로 사랑하라

(엡 4:2) 오래 참음으로 사랑 가운데서 서로 용납하고

(벧전 1:22) 거짓이 없이 형제를 사랑하기에 이르렀으니

(요일 3:18) 자녀들아 우리가 말과 혀로만 사랑하지 말고 행함과 진실함으로 하자

(요일 3:16) 그가 우리를 위하여 목숨을 버리셨으니 우리가 이로써 사랑을 알고 우리도 형제들을 위하여 목숨을 버리는 것이 마땅하니라

(마 5:44) 너희 원수를 사랑하며 너희를 박해하는 자를 위하여 기도하라

(마 22:39) 네 이웃을 네 자신 같이 사랑하라 하셨으니

(엡 5:25) 남편들아 아내 사랑하기를 그리스도께서 교회를 사랑하시고 그 교회를 위하여 자신을 주심 같이 하라

(엡 5:28) 이와 같이 남편들도 자기 아내 사랑하기를 자기 자신과 같이 할지니 자기 아내를 사랑하는 자는 자기를 사랑하는 것이라

(딛 2:4) 그들로 젊은 여자들을 교훈하되 그 남편과 자녀를 사랑하며

(마 10:37) 아버지나 어머니를 나보다 더 사랑하는 자는 내게 합당하지 아니하고 아들이나 딸을 나보다 더 사랑하는 자도 내게 합당하지 아니하며

(히 1:9) 주께서 의를 사랑하시고 불법을 미워하셨으니

(신 10:19) 너희는 나그네를 사랑하라 전에 너희도 애굽 땅에서 나그네 되었음이니라

(엡 5:25) 남편들아 아내 사랑하기를 그리스도께서 교회를 사랑하시고 그 교회를 위하여 자신을 주심 같이 하라

2) 우리가 사랑하되 어떻게 사랑해야 합니까?

3) 내가 사랑하지 못하고 있는 사람은 누구이고 왜 그렇습니까?

4) 나는 특별히 누구를 어떻게 사랑하겠습니까?

3. 사랑해야 할 것들과 하지 말아야 할 것들

1) 누가 누구를 사랑했습니까?

(창 22:2) 여호와께서 이르시되 네 아들 네 사랑하는 독자 이삭을 데리고 모리아 땅으로 가서 내가 네게 일러 준 한 산 거기서 그를 번제로 드리라

(눅 7:47) 그의 많은 죄가 사하여졌도다 이는 그의 사랑함이 많음이라 사함을 받은 일이 적은 자는 적게 사랑하느니라

(창 45:11) 흉년이 아직 다섯 해가 있으니 내가 거기서 아버지를 봉양하리이다

(출 2:2) 그 여자가 임신하여 아들을 낳으니 그가 잘 생긴 것을 보고 석 달 동안 그를 숨겼으나

(창 29:20) 야곱이 라헬을 위하여 칠 년 동안 라반을 섬겼으나 그를 사랑하는 까닭에 칠 년을 며칠 같이 여겼더라

(룻 1:16) 어머니께서 가시는 곳에 나도 가고 어머니께서 머무시는 곳에서 나도 머물겠나이다 어머니의 백성이 나의 백성이 되고 어머니의 하나님이 나의 하나님이 되시리니

(살전 2:8) 우리가 이같이 너희를 사모하여 하나님의 복음뿐 아니라 우리의 목숨까지도 너희에게 주기를 기뻐함은 너희가 우리의 사랑하는 자 됨이라

(롬 16:4) 그들은 내 목숨을 위하여 자기들의 목까지도 내놓았나니

(삼상 18:3) 요나단은 다윗을 자기 생명 같이 사랑하여 더불어 언약을 맺었으며

(살전 4:9) 형제 사랑에 관하여는 너희에게 쓸 것이 없음은 너희들 자신이 하나님의 가르치심을 받아 서로 사랑함이라

2) 이 사람들은 어떻게 사랑했습니까?
나에게 부족한 사랑은 무엇이고 내가 실천해야 할 사랑은 무엇입니까?

3) 우리가 사랑하지 말아야 할 것들은 무엇입니까?
(딤후 3:2) 사람들이 자기를 사랑하며 돈을 사랑하며

(요 12:25) 자기의 생명을 사랑하는 자는 잃어버릴 것이요

(마 10:37) 아버지나 어머니를 나보다 더 사랑하는 자는 내게 합당하지 아니하고 아들이나 딸을 나보다 더 사랑하는 자도 내게 합당하지 아니하며

(요 12:43) 그들은 사람의 영광을 하나님의 영광보다 더 사랑하였더라

(요일 2:15) 이 세상이나 세상에 있는 것들을 사랑하지 말라 누구든지 세상을 사랑하면 아버지의 사랑이 그 안에 있지 아니하니

(시 52:3) 네가 선보다 악을 사랑하며 의를 말함보다 거짓을 사랑하는도다

(삿 16:15) 들릴라가 삼손에게 이르되 당신의 마음이 내게 있지 아니하면서 당신이 어찌 나를 사랑한다 하느냐

(잠 7:18) 오라 우리가 아침까지 흡족하게 서로 사랑하며 사랑함으로 희락하자

(사 1:23) 네 고관들은 패역하여 도둑과 짝하며 다 뇌물을 사랑하며 예물을 구하며

(렘 14:10) 그들이 어그러진 길을 사랑하여 그들의 발을 멈추지 아니하므로

(마 6:24) 너희가 하나님과 재물을 겸하여 섬기지 못하느니라

(딤전 3:3) 돈을 사랑하지 아니하며

(벧후 2:15) 발람의 길을 따르는도다 그는 불의의 삯을 사랑하다가

(딤후 3:4) 쾌락을 사랑하기를 하나님 사랑하는 것보다 더하며

4) 지금 내가 사랑하지 말아야 할 것들을 사랑하고 있다면 그것은 무엇입니까?

주님보다 더 사랑하는 것이 우상입니다.

이것을 어떻게 처리하겠습니까?

4. 사랑의 특성

1) 사랑의 특성은 무엇입니까?

(롬 8:35) 누가 우리를 그리스도의 사랑에서 끊으리요 환난이나 곤고나 박해나 기근이나 적신이나 위험이나 칼이랴

(요일 4:18) 사랑 안에 두려움이 없고 온전한 사랑이 두려움을 내쫓나니

(롬 12:9) 사랑에는 거짓이 없나니 악을 미워하고 선에 속하라

(벧전 4:8) 사랑은 허다한 죄를 덮느니라

(롬 13:10) 사랑은 이웃에게 악을 행하지 아니하나니 그러므로 사랑은 율법의 완성이니라

(고전 13:1) 내가 사람의 방언과 천사의 말을 할지라도 사랑이 없으면 소리 나는 구리와 울리는 꽹과리가 되고 (고전 13:2) 내가 예언하는 능력이 있어 모든 비밀과 모든 지식을 알고 또 산을 옮길 만한 모든 믿음이 있을지라도 사랑이 없으면

내가 아무 것도 아니요(고전 13:3) 내가 내게 있는 모든 것으로 구제하고 또 내 몸을 불사르게 내줄지라도 사랑이 없으면 내게 아무 유익이 없느니라

(고전 13:13) 믿음, 소망, 사랑, 이 세 가지는 항상 있을 것인데 그 중의 제일은 사랑이라

(고전 13:4) 사랑은 오래 참고 사랑은 온유하며 (고전 13:6) 진리와 함께 기뻐하고

(고전 13:7) 모든 것을 참으며 모든 것을 믿으며 모든 것을 바라며 모든 것을 견디느니라

2) 사랑한다면 해서는 안 될 것이 무엇입니까?

(고전 13:4) 시기하지 아니하며 사랑은 자랑하지 아니하며 교만하지 아니하며

(고전 13:5) 무례히 행하지 아니하며 자기의 유익을 구하지 아니하며 성내지 아니하며 악한 것을 생각하지 아니하며 (고전 13:6) 불의를 기뻐하지 아니하며

3) 나는 사랑을 많이 말하고 있지만 사랑으로 하지 않는 것은 무엇입니까?

4) 내가 하는 일 중에 특별히 어떤 일을 사랑으로 하겠습니까?

5. 사랑을 해야 할 일

1) 우리가 사랑을 해야 할 일은 무엇입니까?

(요 15:9) 아버지께서 나를 사랑하신 것 같이 나도 너희를 사랑하였으니 나의 사랑 안에 거하라

(갈 5:13) 그 자유로 육체의 기회를 삼지 말고 오직 사랑으로 서로 종 노릇 하라

(엡 3:18) 능히 모든 성도와 함께 지식에 넘치는 그리스도의 사랑을 알고

(엡 3:19) 그 너비와 길이와 높이와 깊이가 어떠함을 깨달아 하나님의 모든 충만하신 것으로 너희에게 충만하게 하시기를 구하노라

(벧전 1:22) 마음으로 뜨겁게 서로 사랑하라

(고전 14:1) 사랑을 추구하며 신령한 것들을 사모하되 특별히 예언을 하려고 하라

(골 3:14) 이 모든 것 위에 사랑을 더하라 이는 온전하게 매는 띠니라

(살전 1:3) 너희의 믿음의 역사와 사랑의 수고와

(딤전 6:11) 이것들을 피하고 의와 경건과 믿음과 사랑과 인내와 온유를 따르며

(히 10:24) 서로 돌아보아 사랑과 선행을 격려하며

(벧전 5:14) 너희는 사랑의 입맞춤으로 서로 문안하라

(벧후 1:7) 경건에 형제 우애를, 형제 우애에 사랑을 더하라

(요일 3:17) 누가 이 세상의 재물을 가지고 형제의 궁핍함을 보고도 도와 줄 마음을 닫으면 하나님의 사랑이 어찌 그 속에 거하겠느냐

(딤전 4:12) 오직 말과 행실과 사랑과 믿음과 정절에 있어서 믿는 자에게 본이 되어

(고전 16:14) 너희 모든 일을 사랑으로 행하라

2) 이런 사랑들이 의미하는 바가 무엇입니까?

3) 나는 이렇게 사랑을 실천하고 있지 못하는 것은 무엇입니까?

4) 나는 내가 잘할 수 있는 어떤 것을 실천해 보겠습니까?

이 과를 마치면서

1. 하나님의 공동체가 아름다운 사랑의 공동체를 이루도록 기도하십시오.

소감 및 깨달은 말씀

4. 말씀의 삶

"예수께서 대답하여 이르시되 기록되었으되 사람이 떡으로만 살 것이 아니요
하나님의 입으로부터 나오는 모든 말씀으로 살 것이라 하였느니라 하시니" (마 4:4)

4

그리스도인의 삶의 원리는 말씀으로 사는 삶입니다.

(마 4:4) 예수께서 대답하여 이르시되 기록되었으되 사람이 떡으로만 살 것이 아니요 하나님의 입으로부터 나오는 모든 말씀으로 살 것이라 하였느니라 하시니

하나님의 백성은 하나님의 말씀을 의지하며 그 말씀으로 살아야 합니다.

(약 1:22) 너희는 말씀을 행하는 자가 되고 듣기만 하여 자신을 속이는 자가 되지 말라

말씀을 아는 것도 중요하지만 말씀대로 사는 것이 더 중요합니다.

우리는 말씀 중심의 신앙생활을 해야 하고 말씀 따라 사는 생활을 하여야 합니다.

1. 성경이란 무엇이고 말씀대로 살아야 하는 이유

1) 성경이란 무엇입니까?

(살전 2:13) 너희가 우리에게 들은 바 하나님의 말씀을 받을 때에 사람의 말로 받지 아니하고 하나님의 말씀으로 받음이니 진실로 그러하도다

(롬 2:18) 율법의 교훈을 받아 하나님의 뜻을 알고 지극히 선한 것을 분간하며

(요 17:17) 그들을 진리로 거룩하게 하옵소서 아버지의 말씀은 진리니이다

(벧후 1:21) 예언은 언제든지 사람의 뜻으로 낸 것이 아니요 오직 성령의 감동하심을 받은 사람들이 하나님께 받아 말한 것임이라

(요 5:39) 너희가 성경에서 영생을 얻는 줄 생각하고 성경을 연구하거니와

(요 5:39) 이 성경이 곧 내게 대하여 증언하는 것이니라

(마 24:35) 천지는 없어질지언정 내 말은 없어지지 아니하리라

2) 나는 지금까지 성경을 어떤 책이라고 생각해 왔습니까? 나는 이제 성경을 어떤 책으로 믿겠습니까?

3) 우리가 말씀대로 살아야 하는 이유는 무엇입니까?

(수 1:7) 나의 종 모세가 네게 명령한 그 율법을 다 지켜 행하고 우로나 좌로나 치우치지 말라

(마 7:26) 나의 이 말을 듣고 행하지 아니하는 자는 그 집을 모래 위에 지은 어리석은 사람 같으리니

(요 14:21) 나의 계명을 지키는 자라야 나를 사랑하는 자니 나를 사랑하는 자는 내 아버지께 사랑을 받을 것이요 나도 그를 사랑하여 그에게 나를 나타내리라

(눅 8:15) 좋은 땅에 있다는 것은 착하고 좋은 마음으로 말씀을 듣고 지키어 인내로 결실하는 자니라

4) 나는 지금까지 어떤 이유로 인해 말씀대로 살려고 하였습니까?

나는 이제 어떤 이유로 인해 말씀대로 살겠습니까?

2. 말씀의 상징과 역할

1) 말씀의 상징들은 무엇입니까?

(히 4:12) 하나님의 말씀은 살아 있고 활력이 있어 좌우에 날선 어떤 검보다도 예리하여 혼과 영과 및 관절과 골수를 찔러 쪼개기까지 하며 또 마음의 생각과 뜻을 판단하나니

(벧전 1:23) 너희가 거듭난 것은 썩어질 씨로 된 것이 아니요 썩지 아니할 씨로 된 것이니 살아 있고 항상 있는 하나님의 말씀으로 되었느니라

(약 1:23) 누구든지 말씀을 듣고 행하지 아니하면 그는 거울로 자기의 생긴 얼굴을 보는 사람과 같아서

(렘 23:29) 여호와의 말씀이니라 내 말이 불 같지 아니하냐

(렘 23:29) 여호와의 말씀이니라― 바위를 쳐서 부스러뜨리는 방망이 같지 아니하냐

(시 119:105) 주의 말씀은 내 발에 등이요 내 길에 빛이니이다

(벧전 2:2) 갓난 아기들 같이 순전하고 신령한 젖을 사모하라 이는 그로 말미암아 너희로 구원에 이르도록 자라게 하려 함이라

(고전 3:2) 내가 너희를 젖으로 먹이고 밥으로 아니하였노니 이는 너희가 감당하지 못하였음이거니와 지금도 못하리라

2) 말씀의 상징들이 의미하는 바를 설명해 보십시오.

3) 말씀의 역할은 무엇입니까?

(행 2:37) 그들이 이 말을 듣고 마음에 찔려 베드로와 다른 사도들에게 물어 이르되 형제들아 우리가 어찌할꼬 하거늘

(요일 2:1) 나의 자녀들아 내가 이것을 너희에게 씀은 너희로 죄를 범하지 않게

하려 함이라 만일 누가 죄를 범하여도 아버지 앞에서 우리에게 대언자가 있으니 곧 의로우신 예수 그리스도시라

(시 119:11) 내가 주께 범죄하지 아니하려 하여 주의 말씀을 내 마음에 두었나이다

(행 20:32) 지금 내가 여러분을 주와 및 그 은혜의 말씀에 부탁하노니 그 말씀이 여러분을 능히 든든히 세우사 거룩하게 하심을 입은 모든 자 가운데 기업이 있게 하시리라

(렘 15:16) 내가 주의 말씀을 얻어 먹었사오니 주의 말씀은 내게 기쁨과 내 마음의 즐거움이오나

(롬 15:4) 성경의 위로로 소망을 가지게 함이니라

(딤후 3:16) 모든 성경은 하나님의 감동으로 된 것으로 교훈과 책망과 바르게 함과 의로 교육하기에 유익하니

(딤후 3:17) 이는 하나님의 사람으로 온전하게 하며 모든 선한 일을 행할 능력을 갖추게 하려 함이라

4) 특별히 지금 나에게 필요한 말씀의 역할은 무엇입니까?
말씀의 역할이 나에게 이루어지기 위해 나는 어떻게 하겠습니까?

3. 말씀의 능력과 성취
1) 말씀에는 어떤 능력이 있습니까?

(시 33:6) 여호와의 말씀으로 하늘이 지음이 되었으며 그 만상을 그의 입 기운으로 이루었도다

(히 1:3) 이는 하나님의 영광의 광채시요 그 본체의 형상이시라 그의 능력의 말씀으로 만물을 붙드시며

(롬 1:16) 내가 복음을 부끄러워하지 아니하노니 이 복음은 모든 믿는 자에게 구원을 주시는 하나님의 능력이 됨이라

(눅 1:37) 대저 하나님의 모든 말씀은 능하지 못하심이 없느니라

(눅 8:24) 예수께서 잠을 깨사 바람과 물결을 꾸짖으시니 이에 그쳐 잔잔하여지더라

(마 8:3) 내가 원하노니 깨끗함을 받으라 하시니 즉시 그의 나병이 깨끗하여진지라

(요 11:43) 큰 소리로 나사로야 나오라 부르시니

   2) 말씀의 능력이 나타나는 것을 볼 때 그 말씀을 하신 분은 어떤 분입니까?

나는 하나님과 그 말씀의 능력을 얼마나 믿고 있습니까?

나는 혹시 하나님의 능력을 제한하고 있지는 않습니까?

   3) 말씀의 성취를 통해서 무엇을 배울 수 있습니까?

(사 55:11) 내 입에서 나가는 말도 이와 같이 헛되이 내게로 되돌아오지 아니하고 나의 기뻐하는 뜻을 이루며 내가 보낸 일에 형통함이니라

(수 23:14) 너희의 하나님 여호와께서 너희에게 대하여 말씀하신 모든 선한 말씀이 하나도 틀리지 아니하고 다 너희에게 응하여 그 중에 하나도 어김이 없음을 너희 모든 사람은 마음과 뜻으로 아는 바라

(대하 6:10) 이제 여호와께서 말씀하신 대로 이루셨도다 내가 여호와께서 말씀하신 대로 내 아버지 다윗을 대신하여 일어나 이스라엘 왕위에 앉고 이스라엘의 하나님 여호와의 이름을 위하여 성전을 건축하고

(마 5:18) 진실로 너희에게 이르노니 천지가 없어지기 전에는 율법의 일점 일획도 결코 없어지지 아니하고 다 이루리라

   4) 나는 말씀의 능력과 성취를 보면서 하나님이 약속하신 말씀에 대해 어떻게 반응하겠습니까?

특별히 어떤 말씀에 대해 그렇게 하겠습니까?

4. 말씀에 대한 태도

1) 우리는 말씀에 대해 어떤 태도를 가져야 합니까?

(느 8:5) 에스라가 모든 백성 위에 서서 그들 목전에 책을 펴니 책을 펼 때에 모든 백성이 일어서니라 (느 8:6) 에스라가 위대하신 하나님 여호와를 송축하매 모든 백성이 손을 들고 아멘 아멘 하고 응답하고 몸을 굽혀 얼굴을 땅에 대고 여호와께 경배하니라

(스 7:10) 에스라가 여호와의 율법을 연구하여 준행하며 율례와 규례를 이스라엘에게 가르치기로 결심하였었더라

(시 119:106) 주의 의로운 규례들을 지키기로 맹세하고 굳게 정하였나이다

(계 22:18) 내가 이 두루마리의 예언의 말씀을 듣는 모든 사람에게 증언하노니 만일 누구든지 이것들 외에 더하면 하나님이 이 두루마리에 기록된 재앙들을 그에게 더하실 것이요

(계 22:19) 만일 누구든지 이 두루마리의 예언의 말씀에서 제하여 버리면 하나님이 이 두루마리에 기록된 생명나무와 및 거룩한 성에 참여함을 제하여 버리시리라

(고전 4:6) 형제들아 내가 너희를 위하여 이 일에 나와 아볼로를 들어서 본을 보였으니 이는 너희로 하여금 기록된 말씀 밖으로 넘어가지 말라 한 것을 우리에게서 배워 서로 대적하여 교만한 마음을 가지지 말게 하려 함이라

(신 30:11) 내가 오늘 네게 명령한 이 명령은 네게 어려운 것도 아니요 먼 것도 아니라

(시 119:34) 나로 하여금 깨닫게 하여 주소서 내가 주의 법을 준행하며 전심으로 지키리이다

(시 119:131) 내가 주의 계명들을 사모하므로 내가 입을 열고 헐떡였나이다

(시 119:60) 주의 계명들을 지키기에 신속히 하고 지체하지 아니하였나이다

(시 19:10) 금 곧 많은 순금보다 더 사모할 것이며 꿀과 송이꿀보다 더 달도다

(욥 23:12) 내가 그의 입술의 명령을 어기지 아니하고 정한 음식보다 그의 입의 말씀을 귀히 여겼도다

2) 말씀에 대한 태도를 좀 더 구체적으로 설명하십시오.

3) 말씀에 대한 태도 중 내가 본받아야 할 것은 무엇입니까?

말씀에 대한 나의 태도에서 잘못된 것은 무엇입니까?

4) 나는 말씀에 대해 어떤 태도를 갖고 있었습니까?

나는 이제 말씀에 대한 어떤 태도를 고치겠습니까?

5. 말씀에 대한 결과

1) 하나님 말씀대로 살 때 받는 축복은 무엇입니까?

말씀을 지켜 행하지 않았을 때 받는 저주는 무엇입니까?

(출 19:5) 너희가 내 말을 잘 듣고 내 언약을 지키면 너희는 민족 중에서 내 소유가 되겠고 (출 19:6) 너희가 내게 대하여 제사장 나라가 되며 거룩한 백성이 되리라

(레 25:18) 너희는 내 규례를 행하며 내 법도를 지켜 행하라 그리하면 너희가 그 땅에 안전하게 거주할 것이라

(신 6:3) 이스라엘아 듣고 삼가 그것을 행하라 그리하면 네가 복을 받고 네 조상들의 하나님 여호와께서 네게 허락하심 같이 젖과 꿀이 흐르는 땅에서 네가 크게 번성하리라

(신 28:1) 네가 네 하나님 여호와의 말씀을 삼가 듣고 내가 오늘 네게 명령하는 그의 모든 명령을 지켜 행하면 네 하나님 여호와께서 너를 세계 모든 민족 위에 뛰어나게 하실 것이라 (신 28:2) 네가 네 하나님 여호와의 말씀을 청종하면 이 모든 복이 네게 임하며 네게 이르리니

(신 28:15) 네가 만일 네 하나님 여호와의 말씀을 순종하지 아니하여 내가 오늘 네게 명령하는 그의 모든 명령과 규례를 지켜 행하지 아니하면 이 모든 저주가 네게 임하며 네게 이를 것이니

(사 1:19) 너희가 즐겨 순종하면 땅의 아름다운 소산을 먹을 것이요

(사 1:20) 너희가 거절하여 배반하면 칼에 삼켜지리라 여호와의 입의 말씀이니라

(사 5:24) 이로 말미암아 불꽃이 그루터기를 삼킴 같이, 마른 풀이 불 속에 떨어짐 같이 그들의 뿌리가 썩겠고 꽃이 티끌처럼 날리리니 그들이 만군의 여호와의 율법을 버리며 이스라엘의 거룩하신 이의 말씀을 멸시하였음이라

(사 5:25) 그러므로 여호와께서 자기 백성에게 노를 발하시고 그들 위에 손을 들어 그들을 치신지라 산들은 진동하며 그들의 시체는 거리 가운데에 분토 같이 되었도다 그럴지라도 그의 노가 돌아서지 아니하였고 그의 손이 여전히 펼쳐져 있느니라

2) 하나님은 축복의 말씀에도 심판의 말씀에도 신실하십니다.
그렇다면 축복과 심판의 기준은 무엇입니까?
축복의 말씀보다 저주의 말씀이 더 많다는 것은 무엇을 의미합니까?

3) 내가 말씀대로 살 때 각오해야 할 것은 무엇입니까?
(딤후 2:9) 복음으로 말미암아 내가 죄인과 같이 매이는 데까지 고난을 받았으나 하나님의 말씀은 매이지 아니하니라
(계 1:9) 나 요한은 너희 형제요 예수의 환난과 나라와 참음에 동참하는 자라 하나님의 말씀과 예수를 증언하였음으로 말미암아 밧모라 하는 섬에 있었더니
(계 6:9) 다섯째 인을 떼실 때에 내가 보니 하나님의 말씀과 그들이 가진 증거로 말미암아 죽임을 당한 영혼들이 제단 아래에 있어

4) 나는 말씀의 결과를 보면서 어떻게 살겠다고 다짐합니까?
나는 환난과 핍박 가운데서도 말씀을 지키겠습니까?
내가 그동안 잘 지키지 못했던 말씀 가운데 무엇을 실천하겠습니까?

이 과를 마치면서

1. 하나님의 말씀을 따라 산 사람들의 신앙에 대해 말해 보십시오.
   나도 말씀에 목숨을 걸 수 있게 해 달라고 기도하십시오.

소감 및 깨달은 말씀

5. 기도의 삶

"너희가 내 이름으로 무엇을 구하든지 내가 행하리니 이는 아버지로 하여금
아들로 말미암아 영광을 받으시게 하려 함이라" (요 14:13)

5

대신관계에 관한 그리스도인의 삶의 원리는 기도하며 사는 것입니다.
그리스도인이 제일 먼저 배우는 것 중에 하나가 주기도문일 것입니다.
그리스도인의 가정에서 태어난 사람이라면 식사 감사기도를 들으면서
자라났을 것입니다.
이렇게 기도는 그리스도인의 삶 그 자체라고 말할 수 있습니다.
실로 그리스도인의 삶은 기도로 시작해서 기도로 마치는 삶이라고 해
도 과언이 아닙니다.
기도에 대한 용어로는 '기도, 기원, 간구, 도고, 구하다, 부르짖다, 빌
다' 등 다양합니다.
흔히 기도를 영혼의 호흡이라고 합니다.
호흡은 노폐물인 이산화탄소를 내보내고 산소를 들이마십니다.
영혼의 호흡은 죄를 내어버리고 성령을 들이마시는 것입니다.
기도는 교제의 측면과 간구의 측면이 있습니다.

1. 기도의 원리와 방법

1) 기도의 원리는 무엇입니까?

(마 6:9) 그러므로 너희는 이렇게 기도하라 하늘에 계신 우리 아버지여

(엡 6:18) 모든 기도와 간구를 하되 항상 성령 안에서 기도하고

(유 1:20) 사랑하는 자들아 너희는— 성령으로 기도하며

(히 10:19) 그러므로 형제들아 우리가 예수의 피를 힘입어 성소에 들어갈 담력을 얻었나니 (히 10:20) 그 길은 우리를 위하여 휘장 가운데로 열어 놓으신 새로운 살 길이요 휘장은 곧 그의 육체니라

(요 14:14) 내 이름으로 무엇이든지 내게 구하면 내가 행하리라

2) 기도의 원리에 따라 어떻게 기도할 것인지를 말해 보십시오.

3) 기도는 어떻게 해야 하는지 그 방법을 말해 보십시오.

기도의 손 예화를 통해 균형 잡힌 기도를 할 수 있습니다.

(시 144:2) 여호와는 나의 사랑이시요 나의 요새이시요 나의 산성이시요 나를 건지시는 이시요 나의 방패이시니 내가 그에게 피하였고 그가 내 백성을 내게 복종하게 하셨나이다

(엡 5:20) 범사에 우리 주 예수 그리스도의 이름으로 항상 아버지 하나님께 감사하며

(시 66:18) 내가 나의 마음에 죄악을 품었더라면 주께서 듣지 아니하시리라

(딤전 2:1) 모든 사람을 위하여 간구와 기도와 도고와 감사를 하되

(마 6:13) 나라와 권세와 영광이 아버지께 영원히 있사옵나이다 아멘

(요 14:13) 너희가 내 이름으로 무엇을 구하든지 내가 행하리니

(삼상 3:10) 사무엘이 이르되 말씀하옵소서 주의 종이 듣겠나이다

4) 나는 균형 잡힌 기도를 드리고 있습니까?

나는 나의 기도의 어떤 부분을 보완하여 새롭게 하겠습니까?

2. 기도의 이유와 내용

1) 우리가 기도해야 하는 이유는 무엇입니까?

(마 7:7) 구하라 그리하면 너희에게 주실 것이요 찾으라 그리하면 찾아낼 것이요 문을 두드리라 (눅 3:21) 예수도 세례를 받으시고 기도하실 때에 하늘이 열리며

(마 4:2) 사십 일을 밤낮으로 금식하신 후에 주리신지라

(막 1:35) 새벽 아직도 밝기 전에 예수께서 일어나 나가 한적한 곳으로 가사 거기서 기도하시더니

(눅 6:12) 이 때에 예수께서 기도하시러 산으로 가사 밤이 새도록 하나님께 기도하시고 (눅 6:13) 밝으매 그 제자들을 부르사 그 중에서 열둘을 택하여 사도라 칭하셨으니

(눅 9:29) 기도하실 때에 용모가 변화되고 그 옷이 희어져 광채가 나더라

(마 26:36) 예수께서 제자들과 함께 겟세마네라 하는 곳에 이르러 제자들에게 이르시되 내가 저기 가서 기도할 동안에 너희는 여기 앉아 있으라 하시고

(눅 23:46) 예수께서 큰 소리로 불러 이르시되 아버지 내 영혼을 아버지 손에 부탁하나이다 하고 이 말씀을 하신 후 숨지시니라

(롬 8:34) 그는 하나님 우편에 계신 자요 우리를 위하여 간구하시는 자시니라

(히 7:25) 그러므로 자기를 힘입어 하나님께 나아가는 자들을 온전히 구원하실 수 있으니 이는 그가 항상 살아 계셔서 그들을 위하여 간구하심이라

2) 위대한 신앙의 사람들도 다 기도의 사람이었습니다.

나는 기도의 본을 받아 어떻게 기도하겠습니까?

3) 기도의 내용은 무엇입니까?

① _____을 위한 기도

(마 6:9) 하늘에 계신 우리 아버지여 이름이 거룩히 여김을 받으시오며

(마 6:10) 나라가 임하시오며 뜻이 하늘에서 이루어진 것 같이 땅에서도 이루어지이다

② _____을 위한 기도

(삼상 12:23) 너희를 위하여 기도하기를 쉬는 죄를 여호와 앞에 결단코 범하지 아니하고

③ ____을 위한 기도

(마 6:11) 오늘 우리에게 일용할 양식을 주시옵고

(마 6:12) 우리가 우리에게 죄 지은 자를 사하여 준 것 같이 우리 죄를 사하여 주시옵고 (마 6:13) 우리를 시험에 들게 하지 마시옵고 다만 악에서 구하시옵소서

  4) 나의 기도는 어느 부분이 부족하였습니까?
나는 지금 구체적으로 무엇을 위해 기도하겠습니까?

3. 기도의 시간과 장소
  1) 기도는 언제 합니까?

(막 1:35) 새벽 아직도 밝기 전에 예수께서 일어나 나가 한적한 곳으로 가사 거기서 기도하시더니

(시 57:8) 내 영광아 깰지어다 비파야, 수금아, 깰지어다 내가 새벽을 깨우리로다

(단 6:10) 자기 집에 돌아가서는 윗방에 올라가 예루살렘으로 향한 창문을 열고 전에 하던 대로 하루 세 번씩 무릎을 꿇고 기도하며 그의 하나님께 감사하였더라

(시 5:3) 아침에 내가 주께 기도하고 바라리이다

(행 10:9) 베드로가 기도하려고 지붕에 올라가니 그 시각은 제 육 시더라

(행 3:1) 제 구 시 기도 시간에 베드로와 요한이 성전에 올라갈새

(사 26:9) 밤에 내 영혼이 주를 사모하였사온즉 내 중심이 주를 간절히 구하오리니

(엡 6:18) 항상 성령 안에서 기도하고

(살전 5:17) 쉬지 말고 기도하라

(눅 18:1) 항상 기도하고 낙망하지 말아야 할 것을 비유로 말씀하여

2) 나는 주로 언제 기도합니까? 시간을 정해 놓고 기도하고 있습니까? 나의 생활에서 언제 기도하는 것이 가장 좋다고 생각합니까?

3) 기도의 장소는 어디입니까?

(마 21:13) 내 집은 기도하는 집이라 일컬음을 받으리라 하였거늘

(행 10:30) 고넬료가 이르되 내가 나흘 전 이맘때까지 내 집에서 제 구 시 기도를 하는데

(마 6:6) 너는 기도할 때에 네 골방에 들어가 문을 닫고 은밀한 중에 계신 네 아버지께 기도하라

(눅 6:12) 예수께서 기도하시려 산으로 가사 밤이 새도록 하나님께 기도하시고

(마 4:1) 그 때에 예수께서 성령에게 이끌리어 마귀에게 시험을 받으러 광야로 가사

(마 4:2) 사십 일을 밤낮으로 금식하신 후에 주리신지라

(행 21:5) 이 여러 날을 지낸 후 우리가 떠나갈새 그들이 다 그 처자와 함께 성문 밖까지 전송하거늘 우리가 바닷가에서 무릎을 꿇어 기도하고

(행 16:25) 한밤중에 바울과 실라가 기도하고 하나님을 찬송하매 죄수들이 듣더라

4) 나는 주로 어디에서 기도하고 있고 어디에서 기도하겠습니까?

4. 기도의 능력

(약 5:16) 의인의 간구는 역사하는 힘이 큼이니라

1) 하나님께서 놀라운 능력으로 기도에 응답하신 실례를 말해 보십시오.

(왕상 18:37) 여호와여 내게 응답하옵소서 내게 응답하옵소서 이 백성에게 주 여호와는 하나님이신 것과 주는 그들의 마음을 되돌이키심을 알게 하옵소서 하매

(약 5:17) 엘리야는 우리와 성정이 같은 사람이로되 그가 비가 오지 않기를 간절히 기도한즉 삼 년 육 개월 동안 땅에 비가 오지 아니하고

(약 5:18) 다시 기도하니 하늘이 비를 주고 땅이 열매를 맺었느니라

(수 10:12) 여호수아가 여호와께 아뢰어 이스라엘의 목전에서 이르되 태양아 너는 기브온 위에 머무르라 달아 너도 아얄론 골짜기에서 그리할지어다 하매

(왕하 20:11) 선지자 이사야가 여호와께 간구하매 아하스의 해시계 위에 나아갔던 해 그림자를 십도 뒤로 물러가게 하셨더라

(왕하 4:33) 들어가서는 문을 닫으니 두 사람 뿐이라 엘리사가 여호와께 기도하고

(행 9:40) 베드로가 사람을 다 내보내고 무릎을 꿇고 기도하고 돌이켜 시체를 향하여 이르되 다비다야 일어나라 하니 그가 눈을 떠 베드로를 보고 일어나 앉는지라

(막 9:22) 귀신이 그를 죽이려고 불과 물에 자주 던졌나이다 그러나 무엇을 하실 수 있거든 우리를 불쌍히 여기사 도와 주옵소서

(막 9:29) 이르시되 기도 외에 다른 것으로는 이런 종류가 나갈 수 없느니라 하시니라

(마 8:2) 한 나병환자가 나아와 절하며 이르되 주여 원하시면 저를 깨끗하게 하실 수 있나이다 하거늘

(마 8:5) 예수께서 가버나움에 들어가시니 한 백부장이 나아와 간구하여

(마 8:6) 이르되 주여 내 하인이 중풍병으로 집에 누워 몹시 괴로워하나이다

(막 10:47) 나사렛 예수시란 말을 듣고 소리 질러 이르되 다윗의 자손 예수여 나를 불쌍히 여기소서 하거늘

(약 5:15) 믿음의 기도는 병든 자를 구원하리니 주께서 그를 일으키시리라

(행 12:5) 이에 베드로는 옥에 갇혔고 교회는 그를 위하여 간절히 하나님께 기도하더라

(욘 2:2) 내가 스올의 뱃속에서 부르짖었더니 주께서 내 음성을 들으셨나이다

(에 4:16) 나도 나의 시녀와 더불어 이렇게 금식한 후에 규례를 어기고 왕에게 나아가리니 죽으면 죽으리이다

(대하 14:11) 그의 하나님 여호와께 부르짖어 이르되 여호와여 힘이 강한 자와 약한 자 사이에는 주밖에 도와 줄 이가 없사오니 우리 하나님 여호와여 우리를 도우소서 우리가 주를 의지하오며 주의 이름을 의탁하옵고 이 많은 무리를 치러

왔나이다 여호와여 주는 우리 하나님이시오니 원하건대 사람이 주를 이기지 못하게 하옵소서 하였더니

(창 19:29) 하나님이 그 지역의 성을 멸하실 때 곧 롯이 거주하는 성을 엎으실 때에 하나님이 아브라함을 생각하사 롯을 그 엎으시는 중에서 내보내셨더라

(눅 3:21) 예수도 세례를 받으시고 기도하실 때에 하늘이 열리며

(눅 3:22) 성령이 비둘기 같은 형체로 그의 위에 강림하시더니

(행 1:14) 더불어 마음을 같이하여 오로지 기도에 힘쓰더라

2) 놀라운 기도 응답의 역사가 나타나는 기도는 어떤 기도입니까?

3) 나는 기도의 능력을 얼마나 믿습니까?

나의 기도에 하나님께서 놀랍게 역사하고 계시지 않은 이유가 무엇입니까?

4) 내가 지금 믿음으로 기도해야 할 것은 무엇입니까?

기도의 능력을 믿고 그 일을 위해 기도하십시오.

5. 기도의 자세와 태도와 주의할 점

1) 성경에서 기도할 때의 자세로는 어떤 형태가 있습니까?

(막 11:25) 서서 기도할 때에 아무에게나 혐의가 있거든 용서하라

(시 28:2) 내가 주의 지성소를 향하여 나의 손을 들고 주께 부르짖을 때에

(요 17:1) 눈을 들어 하늘을 우러러 이르시되 아버지여 때가 이르렀사오니

(왕상 8:54) 솔로몬이 무릎을 꿇고 손을 펴서 하늘을 향하여 이 기도와 간구로 여호와께 아뢰기를 마치고

(눅 22:41) 그들을 떠나 돌 던질 만큼 가서 무릎을 꿇고 기도하여

(마 26:39) 얼굴을 땅에 대시고 엎드려 기도하여 이르시되

2) 우리는 기도할 때 어떤 태도로 기도해야 합니까?

(빌 4:6) 아무 것도 염려하지 말고 다만 모든 일에 기도와 간구로, 너희 구할 것을 감사함으로 하나님께 아뢰라

(빌 1:4) 간구할 때마다 너희 무리를 위하여 기쁨으로 항상 간구함은

(대하 7:14) 내 이름으로 일컫는 내 백성이 그들의 악한 길에서 떠나 스스로 낮추고 기도하여 내 얼굴을 찾으면 내가 하늘에서 듣고 그들의 죄를 사하고 그들의 땅을 고칠지라

3) 우리가 기도할 때 주의해야 할 점은 무엇입니까?

(마 6:5) 또 너희는 기도할 때에 외식하는 자와 같이 하지 말라 그들은 사람에게 보이려고 회당과 큰 거리 어귀에 서서 기도하기를 좋아하느니라

(막 12:40) 외식으로 길게 기도하는 자니 그 받는 판결이 더욱 중하리라 하시니라

(마 6:7) 또 기도할 때에 이방인과 같이 중언부언하지 말라 그들은 말을 많이 하여야 들으실 줄 생각하느니라

(눅 18:11) 바리새인은 서서 따로 기도하여 이르되 하나님이여 나는 다른 사람들 곧 토색, 불의, 간음을 하는 자들과 같지 아니하고 이 세리와도 같지 아니함을 감사하나이다

4) 나의 기도는 사람들이 들으라고 하는 기도는 아닙니까?
나는 기도할 때 어떤 점을 주의하겠습니까?

이 과를 마치면서

1. 하루를 기도로 시작하고 기도로 마치도록 하십시오.
   기도의 종류를 말하고 묵상기도와 부르짖는 기도의 유익을 말해 보십시오. 말씀을 가지고 기도하는 훈련을 해 보십시오.

소감 및 깨달은 말씀

6. 교제의 삶

"그들이 사도의 가르침을 받아 서로 교제하며 떡을 떼며
오로지 기도하기를 힘쓰니라" (행 2:42)

6

그리스도인의 생활은 하나님과의 교제이며 또한 성도들과 교제입니다.

우리는 교제라고 하면 흔히 즐겁게 노는 것을 생각합니다.

그러나 성경에서 말하는 그리스도인의 교제는 이런 것과는 거리가 멉니다.

성경에서의 교제(사귐)는 '코이노니아' 란 단어인데 이는 교제(사귐, 친교), 참여, 교통, 나눔(sharing), 협력, 공유, 구제, 동역자 등 다양한 뜻을 가진 단어입니다.

영어로는 휄로우쉽(fellowship)인데 이는 '한 배를 탄 두 친구' 의 뜻입니다.

교제란 어떤 것을 함께 나누는 것을 말합니다.

존 스토트는 '교제를 함께 나누어 가지는 것(공동 유업), 함께 나누어 주는 것(협동적 봉사), 서로 나누는 것(서로 주고받는 것)' 이라고 말했습니다.

교제는 두 사람 이상이 모여 함께 나누는 것이라고 말할 수 있습니다.

1. 교제의 대상

1) 우리는 누구와 교제해야 합니까?

삼위 하나님과의 교제와 성도들과의 교제를 삼각형으로 설명해 보십시오.

(요일 1:3) 우리가 보고 들은 바를 너희에게도 전함은 너희로 우리와 사귐이 있게 하려 함이니 우리의 사귐은 아버지와 그의 아들 예수 그리스도와 더불어 누림이라

(고후 13:13) 성령의 교통하심이 너희 무리와 함께 있을지어다

2) 우리는 구체적으로 누구와 어떤 교제를 해야 합니까?

(행 2:42) 그들이 사도의 가르침을 받아 서로 교제하고 떡을 떼며

(갈 2:9) 야고보와 게바와 요한도 내게 주신 은혜를 알므로 나와 바나바에게 친교의 악수를 하였으니

(히 10:33) 혹은 비방과 환난으로써 사람에게 구경거리가 되고 혹은 이런 형편에 있는 자들과 사귀는 자가 되었으니

(딤후 2:22) 또한 너는 청년의 정욕을 피하고 주를 깨끗한 마음으로 부르는 자들과 함께 의와 믿음과 사랑과 화평을 따르라

(고전 15:33) 속지 말라 악한 동무들은 선한 행실을 더럽히나니

3) 교제의 근거는 그리스도의 피입니다.(엡 2:15-16)

우리가 교제를 회복하기 위해 해야 할 일은 무엇입니까?

(요일 1:9) 만일 우리가 우리 죄를 자백하면 그는 미쁘시고 의로우사 우리 죄를 사하시며 우리를 모든 불의에서 깨끗하게 하실 것이요

(마 5:25) 너를 고발하는 자와 함께 길에 있을 때에 급히 사화하라

4) 나는 어떤 교제를 정리하고 누구와의 교제를 시작하겠습니까?

나는 지금 교제를 회복하기 위해 무엇을 하겠습니까?

2. 교제하지 말아야 할 대상과 이유

1) 그리스도인이 교제하지 말아야 할 대상은 누구이고 무엇입니까?

(고전 10:20) 무릇 이방인이 제사하는 것은 귀신에게 하는 것이요 하나님께 제사하는 것이 아니니 나는 너희가 귀신과 교제하는 자가 되기를 원하지 아니하노라

(고후 6:14) 너희는 믿지 않는 자와 멍에를 함께 메지 말라 의와 불법이 어찌 함께 하며 빛과 어둠이 어찌 사귀며 (고후 6:15) 그리스도와 벨리알이 어찌 조화되며 믿는 자와 믿지 않는 자가 어찌 상관하며 (고후 6:16) 하나님의 성전과 우상이 어찌 일치가 되리요

(요이 1:10) 누구든지 이 교훈을 가지지 않고 너희에게 나아가거든 그를 집에 들이지도 말고 인사도 하지 말라 (요이 1:11) 그에게 인사하는 자는 그 악한 일에 참여하는 자임이라

(마 23:30) 만일 우리가 조상 때에 있었더라면 우리는 그들이 선지자의 피를 흘리는 데 참여하지 아니하였으리라 하니

(엡 5:11) 너희는 열매 없는 어둠의 일에 참여하지 말고

(고전 5:11) 만일 어떤 형제라 일컫는 자가 음행하거나 탐욕을 부리거나 우상 숭배를 하거나 모욕하거나 술 취하거나 속여 빼앗거든 사귀지도 말고 그런 자와는 함께 먹지도 말라

(욥 34:8) 악한 일을 하는 자들과 한패가 되어 악인과 함께 다니면서

(잠 13:20) 지혜로운 자와 동행하면 지혜를 얻고 미련한 자와 사귀면 해를 받느니라

(잠 20:19) 두루 다니며 한담하는 자는 남의 비밀을 누설하나니 입술을 벌린 자를 사귀지 말지니라

(잠 22:24) 노를 품는 자와 사귀지 말며 울분한 자와 동행하지 말지니

(잠 23:20) 술을 즐겨 하는 자들과 고기를 탐하는 자들과도 더불어 사귀지 말라

(잠 24:21) 내 아들아 여호와와 왕을 경외하고 반역자와 더불어 사귀지 말라

(잠 28:7) 음식을 탐하는 자와 사귀는 자는 아비를 욕되게 하는 자니라

(잠 29:3) 창기와 사귀는 자는 재물을 잃느니라

(살후 3:14) 누가 이 편지에 한 우리 말을 순종하지 아니하거든 그 사람을 지목하여 사귀지 말고 그로 하여금 부끄럽게 하라

　2) 우리가 그들과 교제하지 말아야 하는 이유는 무엇입니까?

　3) 불신자들과는 참된 교제가 있을 수 없고 다만 전도의 대상입니다. 내가 하고 있는 교제 가운데 합당치 못한 것은 무엇입니까?

　4) 나는 지금 누구와 어떤 교제를 조용히 청산하겠습니까?

3. 교제의 내용과 이유

　1) 교제의 내용에는 어떤 것들이 있습니까?

(빌 1:5) 너희가 첫날부터 이제까지 복음을 위한 일에 참여하고 있기 때문이라

(행 2:42) 그들이 사도의 가르침을 받아 서로 교제하고 떡을 떼며

(빌 3:10) 내가 그리스도와 그 부활의 권능과 그 고난에 참여함을 알고자 하여 그의 죽으심을 본받아

(고전 10:16) 우리가 축복하는 바 축복의 잔은 그리스도의 피에 참여함이 아니며 우리가 떼는 떡은 그리스도의 몸에 참여함이 아니냐

(빌 4:15) 빌립보 사람들아 너희도 알거니와 복음의 시초에 내가 마게도냐를 떠날 때에 주고 받는 내 일에 참여한 교회가 너희 외에 아무도 없었느니라

(고후 1:7) 너희를 위한 우리의 소망이 견고함은 너희가 고난에 참여하는 자가 된 것 같이 위로에도 그러할 줄을 앎이라

(벧후 1:4) 신성한 성품에 참여하는 자가 되게 하려 하셨느니라

(고후 13:13) 성령의 교통하심이 너희 무리와 함께 있을지어다

(고전 10:18) 육신을 따라 난 이스라엘을 보라 제물을 먹는 자들이 제단에 참여하는 자들이 아니냐

(롬 15:27) 만일 이방인들이 그들의 영적인 것을 나눠 가졌으면 육적인 것으로 그들을 섬기는 것이 마땅하니라

(갈 6:6) 가르침을 받는 자는 말씀을 가르치는 자와 모든 좋은 것을 함께 하라

(갈 6:2) 너희가 짐을 서로 지라 그리하여 그리스도의 법을 성취하라

(고후 8:2) 환난의 많은 시련 가운데서 그들의 넘치는 기쁨과 극심한 가난이 그들의 풍성한 연보를 넘치도록 하게 하였느니라

(고후 8:4) 성도 섬기는 일에 참여함에 대하여

(롬 12:13) 성도들의 쓸 것을 공급하며

(눅 5:10) 세베대의 아들로서 시몬의 동업자인 야고보와 요한도 놀랐음이라

2) 교제해야 할 것들이 많은데 내가 잘한 것과 잘하지 못한 것은 무엇입니까?

3) 우리가 교제를 해야 하는 이유가 무엇입니까?

(창 1:26) 하나님이 이르시되 우리의 형상을 따라 우리의 모양대로 우리가 사람을 만들고

(고전 1:9) 너희를 불러 그의 아들 예수 그리스도 우리 주와 더불어 교제하게 하시는 하나님은 미쁘시도다

(롬 1:12) 내가 너희 가운데서 너희와 나의 믿음으로 말미암아 피차 안위함을 얻으려 함이라

(히 13:16) 오직 선을 행함과 서로 나누어 주기를 잊지 말라 하나님은 이같은 제사를 기뻐하시느니라

(딤전 6:18) 선을 행하고 선한 사업을 많이 하고 나누어 주기를 좋아하며 너그러

운 자가 되게 하라 (딤전 6:19) 이것이 장래에 자기를 위하여 좋은 터를 쌓아 참
된 생명을 취하는 것이니라

4) 나는 어떤 교제에 더욱 힘쓰겠습니까?

4. 교제의 방법과 태도

1) 성도들은 어떻게 교제를 합니까?

(요일 1:3) 우리가 보고 들은 바를 너희에게도 전함은 너희로 우리와 사귐이 있
게 하려 함이니

(빌 1:5) 너희가 첫날부터 이제까지 복음을 위한 일에 참여하고 있기 때문이라

(몬 1:6) 이로써 네 믿음의 교제가 우리 가운데 있는 선을 알게 하고 그리스도께
이르도록 역사하느니라

(요일 1:7) 그가 빛 가운데 계신 것 같이 우리도 빛 가운데 행하면 우리가 서로
사귐이 있고

(고후 13:13) 성령의 교통하심이 너희 무리와 함께 있을지어다

2) 나의 교제는 어떤 교제였으며 고쳐야 할 점은 무엇입니까?

3) 우리의 교제의 태도는 어떠해야 합니까?

(빌 2:1) 그러므로 그리스도 안에 무슨 권면이나 사랑의 무슨 위로나 성령의 무
슨 교제나 긍휼이나 자비가 있거든

(빌 2:2) 마음을 같이하여 같은 사랑을 가지고 뜻을 합하며 한마음을 품어

(빌 2:3) 아무 일에든지 다툼이나 허영으로 하지 말고 오직 겸손한 마음으로 각
각 자기보다 남을 낫게 여기고

(빌 2:4) 각각 자기 일을 돌볼뿐더러 또한 각각 다른 사람들의 일을 돌보아 나의
기쁨을 충만하게 하라

(빌 2:5) 너희 안에 이 마음을 품으라 곧 그리스도 예수의 마음이니

(롬 12:15) 즐거워하는 자들과 함께 즐거워하고 우는 자들과 함께 울라

(행 9:26) 사울이 예루살렘에 가서 제자들을 사귀고자 하나 다 두려워하여 그가 제자 됨을 믿지 아니하니

(살전 2:17) 형제들아 우리가 잠시 너희를 떠난 것은 얼굴이요 마음은 아니니 너희 얼굴 보기를 열정으로 더욱 힘썼노라

(롬 14:1) 믿음이 연약한 자를 너희가 받되 그의 의견을 비판하지 말라

(빌 4:14) 그러나 너희가 내 괴로움에 함께 참여하였으니 잘하였도다

(왕하 10:15) 내 마음이 네 마음을 향하여 진실함과 같이 네 마음도 진실하냐

(고후 6:13) 내가 자녀에게 말하듯 하노니 보답하는 것으로 너희도 마음을 넓히라

4) 나는 교제하는 데 어떤 부족한 점이 있었습니까?
나는 어떤 태도로 교제에 임하도록 더욱 힘쓰겠습니까?

5. 교제의 유익과 실제

1) 교제하는 데서 오는 유익은 무엇입니까?

(요일 1:3) 우리가 보고 들은 바를 너희에게도 전함은 너희로 우리와 사귐이 있게 하려 함이니 우리의 사귐은 아버지와 그의 아들 예수 그리스도와 더불어 누림이라

(요일 1:7) 그가 빛 가운데 계신 것 같이 우리도 빛 가운데 행하면 우리가 서로 사귐이 있고 그 아들 예수의 피가 우리를 모든 죄에서 깨끗하게 하실 것이요

(행 2:42) 그들이 사도의 가르침을 받아 서로 교제하고 떡을 떼며

(행 2:47) 주께서 구원 받는 사람을 날마다 더하게 하시니라

(잠 27:17) 철이 철을 날카롭게 하는 것 같이 사람이 그의 친구의 얼굴을 빛나게 하느니라

(잠 13:20) 지혜로운 자와 동행하면 지혜를 얻고 미련한 자와 사귀면 해를 받느

니라

(엡 4:16) 그에게서 온 몸이 각 마디를 통하여 도움을 받음으로 연결되고 결합되어 각 지체의 분량대로 역사하여 그 몸을 자라게 하며

2) 내가 교제를 하지 않으려고 했던 이유는 무엇입니까?
나는 교제하는 삶을 위해 무엇을 힘쓰겠습니까?

3) 초대교회는 어떤 교제를 나누었습니까?
(행 2:42) 그들이 사도의 가르침을 받아 서로 교제하고 떡을 떼며 오지 기도하기를 힘쓰니라

(행 2:44) 믿는 사람이 다 함께 있어 모든 물건을 서로 통용하고

(행 2:45) 또 재산과 소유를 팔아 각 사람의 필요를 따라 나눠 주며

(행 2:46) 날마다 마음을 같이하여 성전에 모이기를 힘쓰고 집에서 떡을 떼며 기쁨과 순전한 마음으로 음식을 먹고 (행 2:47) 하나님을 찬미하며 또 온 백성에게 칭송을 받으니

(고전 10:16) 우리가 축복하는 바 축복의 잔은 그리스도의 피에 참여함이 아니며 우리가 떼는 떡은 그리스도의 몸에 참여함이 아니냐

4) 초대교회는 어떤 형태로 모여 교제를 나누었습니까?
나의 교회가 교제하는 공동체가 되기 위해 무엇을 실천하겠습니까?

이 과를 마치면서

1. 사랑의 교제가 풍성한 교회 공동체가 되도록 기도하십시오.

소감 및 깨달은 말씀

7. 전도의 삶

"오직 성령이 너희에게 임하시면 너희가 권능을 받고 예루살렘과 온 유대와 사마리아와
땅 끝까지 이르러 내 증인이 되리라 하시니라" (행 1:8)

7

그리스도인의 생활의 중요한 원리 가운데 하나가 전도입니다.

그리스도인의 삶은 수평적으로 성도들과 사랑의 교제를 나누고 세상을 향해 전도하여야 건강해 집니다.

전도란 용어에 '유앙겔리조' 는 '기쁜 소식을 전하다' 는 것이고 '케뤽소' 는 전령을 보내어 공포하는 것(전파)을 의미합니다.

증거는 전도와 같은 뜻으로 사용되고 있고 선교는 더 넓은 의미로 사용되고 있습니다.

우리는 여러 구절들을 통해 전도의 의미를 더 밝히 이해할 수 있습니다.

(눅 19:10) 인자가 온 것은 잃어버린 자를 찾아 구원하려 함이니라

(요일 4:9) 하나님의 사랑이 우리에게 이렇게 나타난 바 되었으니 하나님이 자기의 독생자를 세상에 보내심은 그로 말미암아 우리를 살리려 하심이라

(요일 1:2) 이 생명이 나타내신 바 된지라 이 영원한 생명을 우리가 보았고 증언하여 너희에게 전하노니 이는 아버지와 함께 계시다가 우리에게 나타내신 바 된 이시니라

(요 6:33) 하나님의 떡은 하늘에서 내려 세상에 생명을 주는 것이니라

(엡 2:1) 그는 허물과 죄로 죽었던 너희를 살리셨도다

(창 12:3) 땅의 모든 족속이 너로 말미암아 복을 얻을 것이라 하신지라

전도는 불신자에게 예수 그리스도의 복음을 전하여 천하보다 귀한 한 생명을 구원하는 것을 말합니다.

1. 전도자와 대상

1) 전도는 누가 해야 합니까?

(눅 4:43) 내가 다른 동네들에서도 하나님의 나라 복음을 전하여야 하리니

(막 6:12) 제자들이 나가서 회개하라 전파하고

(마 28:19) 그러므로 너희는 가서 모든 민족을 제자로 삼아

(행 8:4) 그 흩어진 사람들이 두루 다니며 복음의 말씀을 전할새

2) 전도자의 자격은 무엇입니까?

(행 1:8) 오직 성령이 너희에게 임하시면 너희가 권능을 받고— 내 증인이 되리라

(행 10:41) 모든 백성에게 하신 것이 아니요 오직 미리 택하신 증인 곧 죽은 자 가운데서 부활하신 후 그를 모시고 음식을 먹은 우리에게 하신 것이라

(벧전 2:9) 이는 너희를 어두운 데서 불러 내어 그의 기이한 빛에 들어가게 하신 이의 아름다운 덕을 선포하게 하려 하심이라

(롬 10:15) 보내심을 받지 아니하였으면 어찌 전파하리요

3) 전도의 대상은 누구이고 범위는 어디입니까?

(눅 4:44) 갈릴리 여러 회당에서 전도하시더라

(행 1:8) 예루살렘과 온 유대와 사마리아와 땅 끝까지 이르러 내 증인이 되리라

(행 5:42) 그들이 날마다 성전에 있든지 집에 있든지 예수는 그리스도라고 가르치기와 전도하기를 그치지 아니하니라

(막 16:15) 너희는 온 천하에 다니며 만민에게 복음을 전파하라

(막 16:20) 제자들이 나가 두루 전파할새 주께서 함께 역사하사

(롬 15:19) 내가 예루살렘으로부터 두루 행하여 일루리곤까지 그리스도의 복음을 편만하게 전하였노라

(마 28:19) 그러므로 너희는 가서 모든 민족을 제자로 삼아

(눅 4:18) 이는 가난한 자에게 복음을 전하게 하시려고 내게 기름을 부으시고 나를 보내사 포로 된 자에게 자유를, 눈 먼 자에게 다시 보게 함을 전파하며 눌린 자를 자유롭게 하고

4) 전도를 잘 받아들이는 사람은 어떤 사람들입니까?
나는 전도에 수용적이라고 보이는 누구를 전도해 보겠습니까?

2. 전도의 이유와 목적
1) 전도해야 할 이유는 무엇입니까?

(막 16:15) 너희는 온 천하에 다니며 만민에게 복음을 전파하라

(벧전 2:9) 그러나 너희는 택하신 족속이요 왕 같은 제사장들이요 거룩한 나라요 그의 소유가 된 백성이니 이는 너희를 어두운 데서 불러 내어 그의 기이한 빛에 들어가게 하신 이의 아름다운 덕을 선포하게 하려 하심이라

(딛 1:3) 이 전도는 우리 구주 하나님이 명하신 대로 내게 맡기신 것이라

(딤전 2:4) 하나님은 모든 사람이 구원을 받으며 진리를 아는 데에 이르기를 원하시느니라

(요 15:8) 너희가 열매를 많이 맺으면 내 아버지께서 영광을 받으실 것이요

(눅 15:7) 이와 같이 죄인 한 사람이 회개하면 하늘에서는 회개할 것 없는 의인 아흔아홉으로 말미암아 기뻐하는 것보다 더하리라

(고후 5:18) 우리에게 화목하게 하는 직분을 주셨으니

(고후 5:20) 우리가 그리스도를 대신하여 사신이 되어

(롬 15:16) 이 은혜는 곧 나로 이방인을 위하여 그리스도 예수의 일꾼이 되어 하나님의 복음의 제사장 직분을 하게 하사 이방인을 제물로 드리는 것이 성령 안

에서 거룩하게 되어 받으실 만하게 하려 하심이라

(롬 1:14) 헬라인이나 야만인이나 지혜 있는 자나 어리석은 자에게 다 내가 빚진 자라

(롬 10:14) 듣지도 못한 이를 어찌 믿으리요 전파하는 자가 없이 어찌 들으리요

(고전 9:16) 만일 복음을 전하지 아니하면 내게 화가 있을 것이로다

(겔 33:6) 그러나 칼이 임함을 파수꾼이 보고도 나팔을 불지 아니하여 백성에게 경고하지 아니하므로 그 중의 한 사람이 그 임하는 칼에 제거 당하면 그는 자기 죄악으로 말미암아 제거되려니와 그 죄는 내가 파수꾼의 손에서 찾으리라

(사 56:10) 이스라엘의 파수꾼들은 맹인이요 다 무지하며 벙어리 개들이라 짖지 못하며

(행 20:26) 그러므로 오늘 여러분에게 증언하거니와 모든 사람의 피에 대하여 내가 깨끗하니

(행 20:27) 이는 내가 꺼리지 않고 하나님의 뜻을 다 여러분에게 전하였음이라

(마 16:26) 사람이 만일 온 천하를 얻고도 제 목숨을 잃으면 무엇이 유익하리요 사람이 무엇을 주고 제 목숨과 바꾸겠느냐

  2) 한 사람을 구원하는 일은 얼마만한 가치가 있습니까?

  3) 나는 어떤 이유로 전도해 왔습니까?
나의 전도에서 잘못된 동기는 무엇이었습니까?

  4) 나는 이제 어떤 이유로 전도하겠습니까?

3. 전도의 내용과 시기
(롬 1:15) 나는 할 수 있는 대로 로마에 있는 너희에게도 복음 전하기를 원하노라
  1) 우리가 전하는 복음의 내용은 무엇입니까?

(고전 15:3) 이는 성경대로 그리스도께서 우리 죄를 위하여 죽으시고

(고전 15:4) 장사 지낸 바 되셨다가 성경대로 사흘 만에 다시 살아나사

(행 11:20) 헬라인에게도 말하여 주 예수를 전파하니

(롬 16:25) 나의 복음과 예수 그리스도를.전파함은 영세 전부터 감추어졌다가

(행 9:20) 즉시로 각 회당에서 예수가 하나님의 아들이심을 전파하니

2) 또 다른 전도의 내용은 무엇입니까?

(막 6:12) 제자들이 나가서 회개하라 전파하고

(눅 9:60) 너는 가서 하나님의 나라를 전파하라 하시고

(벧전 1:25) 너희에게 전한 복음이 곧 이 말씀이니라

(요일 1:3) 우리가 보고 들은 바를 너희에게도 전함은

3) 전도는 언제 해야 합니까?

(요 4:28) 여자가 물동이를 버려 두고 동네로 들어가서 사람들에게 이르되

(행 5:42) 그들이 날마다 성전에 있든지 집에 있든지 예수는 그리스도라고 가르치기와 전도하기를 그치지 아니하니라

(딤후 4:2) 너는 말씀을 전파하라 때를 얻든지 못 얻든지 항상 힘쓰라

(요 4:35) 너희는 넉 달이 지나야 추수할 때가 이르겠다 하지 아니하느냐 그러나 나는 너희에게 이르노니 너희 눈을 들어 밭을 보라 희어져 추수하게 되었도다

(고후 6:2) 보라 지금은 은혜 받을 만한 때요 보라 지금은 구원의 날이로다

4) 내가 잘못 전한 것은 무엇이며 앞으로 어떻게 전하겠습니까?
나는 전도 대상자를 확보하기 위해 어떻게 하겠습니까?

4. 전도의 방법과 자세
1) 전도의 방법에는 어떤 것들이 있습니까?

또 오늘날 많이 사용하는 전도 방법에는 어떤 것들이 있습니까?

(살전 1:5) 이는 우리 복음이 너희에게 말로만 이른 것이 아니라

(행 2:45) 또 재산과 소유를 팔아 각 사람의 필요를 따라 나눠 주며

(요 1:41) 그가 먼저 자기의 형제 시몬을 찾아 말하되 우리가 메시야를 만났다 하고

(요 1:46) 빌립이 이르되 와서 보라 하니라

(마 28:19) 그러므로 너희는 가서 모든 민족을 제자로 삼아

(행 8:40) 빌립은 아소도에 나타나 여러 성을 지나 다니며 복음을 전하고

(행 5:42) 그들이 날마다 성전에 있든지 집에 있든지 예수는 그리스도라고 가르치기와 전도하기를 그치지 아니하니라

(눅 5:29) 레위가 예수를 위하여 자기 집에서 큰 잔치를 하니 세리와 다른 사람이 많이 함께 앉아 있는지라

2) 전도자의 자세와 태도는 어떠해야 합니까?

(마 10:28) 몸은 죽여도 영혼은 능히 죽이지 못하는 자들을 두려워하지 말고 오직 몸과 영혼을 능히 지옥에 멸하실 수 있는 이를 두려워하라

(롬 1:16) 내가 복음을 부끄러워하지 아니하노니

(행 4:29) 또 종들로 하여금 담대히 하나님의 말씀을 전하게 하여 주시오며

(딤후 1:8) 오직 하나님의 능력을 따라 복음과 함께 고난을 받으라

(요 15:20) 사람들이 나를 박해하였은즉 너희도 박해할 것이요

(겔 3:11) 사로잡힌 네 민족에게로 가서 그들이 듣든지 아니 듣든지 그들에게 고하여

(행 5:42) 예수는 그리스도라고 가르치기와 전도하기를 그치지 아니하니라

(고후 11:7) 하나님의 복음을 값없이 너희에게 전함으로 죄를 지었느냐

(마 10:8) 병든 자를 고치며 죽은 자를 살리며 나병환자를 깨끗하게 하며 귀신을 쫓아내되 너희가 거저 받았으니 거저 주라

(눅 15:4) 그 잃은 것을 찾아내기까지 찾아다니지 아니하겠느냐

(롬 9:3) 나의 형제 곧 골육의 친척을 위하여 내 자신이 저주를 받아 그리스도에게서 끊어질지라도 원하는 바로라

3) 전도할 때 주의할 점은 무엇입니까?

(딤후 2:14) 너는 그들로 이 일을 기억하게 하여 말다툼을 하지 말라고 하나님 앞에서 엄히 명하라 이는 유익이 하나도 없고 도리어 듣는 자들을 망하게 함이라

(빌 1:15) 어떤 이들은 투기와 분쟁으로, 어떤 이들은 착한 뜻으로 그리스도를 전파하나니

(고후 4:5) 우리는 우리를 전파하는 것이 아니라 오직 그리스도 예수의 주 되신 것과

(고전 1:17) 말의 지혜로 하지 아니함은 그리스도의 십자가가 헛되지 않게 하려 함이라

(고전 9:27) 내가 남에게 전파한 후에 자신이 도리어 버림을 당할까 두려워함이로다

(갈 1:10) 내가 사람들에게 좋게 하랴 하나님께 좋게 하랴 사람들에게 기쁨을 구하랴

(갈 1:8) 우리가 너희에게 전한 복음 외에 다른 복음을 전하면 저주를 받을지어다

4) 나는 구체적으로 어떻게 전도하겠습니까?

나는 특히 어떤 점에 주의하고 어떤 전도의 자세를 가지겠습니까?

5. 전도의 능력과 축복

1) 전도의 능력은 무엇입니까?

(롬 1:16) 이 복음은 모든 믿는 자에게 구원을 주시는 하나님의 능력이 됨이라

(눅 4:14) 예수께서 성령의 능력으로 갈릴리에 돌아가시니 그 소문이 사방에 퍼졌고

(눅 24:49) 너희는 위로부터 능력으로 입혀질 때까지 이 성에 머물라 하시니라

(행 2:4) 그들이 다 성령의 충만함을 받고 성령이 말하게 하심을 따라 다른 언어들로 말하기를 시작하니라

(고전 2:4) 내 말과 내 전도함이 설득력 있는 지혜의 말로 하지 아니하고 다만 성령의 나타나심과 능력으로 하여

(벧전 1:12) 이것은 하늘로부터 보내신 성령을 힘입어 복음을 전하는 자들로

2) 나는 전도의 능력인 성령을 받기 위해 어떻게 하겠습니까?

3) 전도하면 어떤 복을 받고 전도를 거절할 때 어떤 결과가 주어집니까?

(고전 1:21) 하나님의 지혜에 있어서는 이 세상이 자기 지혜로 하나님을 알지 못하므로 하나님께서 전도의 미련한 것으로 믿는 자들을 구원하시기를 기뻐하셨도다

(약 5:20) 너희가 알 것은 죄인을 미혹된 길에서 돌아서게 하는 자가 그의 영혼을 사망에서 구원할 것이며 허다한 죄를 덮을 것임이라

(단 12:3) 지혜 있는 자는 궁창의 빛과 같이 빛날 것이요 많은 사람을 옳은 데로 돌아오게 한 자는 별과 같이 영원토록 빛나리라

(살전 2:19) 우리의 소망이나 기쁨이나 자랑의 면류관이 무엇이냐 그가 강림하실 때 우리 주 예수 앞에 너희가 아니냐 (살전 2:20) 너희는 우리의 영광이요 기쁨이니라

(벧전 4:17) 하나님의 집에서 심판을 시작할 때가 되었나니 만일 우리에게 먼저 하면 하나님의 복음을 순종하지 아니하는 자들의 그 마지막은 어떠하며

4) 전도보다 더 귀한 축복은 없습니다.
나는 성령의 능력을 통해 앞으로 어떤 전도의 삶을 살겠습니까?

이 과를 마치면서

1. 매일 전도하는 삶을 살며 일년에 두 명 이상 전도하여 양육하도록 기도하십시오.

소감 및 깨달은 말씀

출 석 부

제　　권　제자양육, 훈련, 무장 과정　　단계

출석 ⬚8⬚ – 지각　　　예습 ⬚A,B,C 중⬚　　　기도 ⬚5번⬚ 일 : 10분 이상

날짜	과	이 름	출 석	예 습	성경읽기	기 도	큐 티	암 송	과 제	인도자

두루제자훈련 제자화 과정 •┄┄┄┄┄┄┄┄┄┄┄┄┄┄┄┄┄┄┄┄┄┄

우리는 평신도를 제자화하여 하나님의 나라를 확장한다.

1. 1992.1.28. 마태복음 9:35-38에 예수님이 모든 도시와 마을에 두루 다니사 가르치시며(teaching ministry) 전파하시며(preaching ministry) 고치시는(healing ministry) 사역을 하신 것을 통하여 두루선교에 대한 비전을 주셨다.

2. 우리는 교회를 중심한 제자훈련을 열심히 실시하여 왔으며 우리의 목표는 평신도를 제자화하여 하나님 나라를 확장하는 것이다.

3. 2004. 9.5. 창대교회에서 두루선교대회를 개최하여 캠퍼스 간사와 리더들과 평신도 리더들을 파송하고 지부와 교회 사역자들과 후원 이사들을 위촉하였다.

4. 두루제자훈련원 세미나는 2004년 12월 겨울학기부터 시작하게 되었는데 1년 7학기로 정기세미나를 실시하고 있다.
   1) 초봄 학기: 2월~3월 7주   4) 여름 학기: 8월 집중   7) 겨울학기: 1월 집중
   2) 봄 학기: 4월~5월 7주   5) 가을 학기: 9월~10월 7주
   3) 늦봄 학기: 6월~7월 7주   6) 늦가을학기: 11월~12월 7주

5. 현재 세미나는 목회자반과 평신도반이 개설되어 있으며 캠퍼스는 연세대, 서울대, 이화여대 등 여러 대학에서 사역하고 있다.

6. 두루제자훈련원 중점 사역들(교회 중심의 제자훈련)
   1) 단계별 소그룹 성경공부
      ① 제자양육과정(5단계: 35과)
      ② 제자훈련과정(5단계: 35과)
      ③ 제자무장과정(5단계: 35과)
   2) 주제별(연역적인 방법) 성경강의(100 Topics)
   3) 책별(귀납적인 방법) 성경연구(신구약 66권)
   4) 제자수련회를 통한 영성훈련

7. 세미나 및 교재에 대한 문의
   두루제자훈련원 평생 전화/ 0505-500-0505
   이메일 · duru@hanmail.net   홈페이지 · www.durums.org
   해외나 멀리 계신 분은 인터넷으로 통화할 수 있습니다.

8. 해외나 지역, 교회, 캠퍼스, 직장 등에서 제자훈련 사역을 하실 분은 연락 바랍니다.

9. 등록 및 후원 입금계좌: 신한은행 110-115-963454 (계좌명: 두루선교회)

저자 이문선 목사

총신대학교 신학대학원 3년 재학 중 제자훈련을 연구하여 논문을 작성하였고 캘리포니아신학대학원에서 제자훈련 논문을 출판하였다. 비브리칼신학대학원 목회학 박사과정 논문을 준비하고 있으며 지금까지 20년 이상 제자훈련을 연구하며 실시하고 있다. 현재 대한예수교장로회 총회(합동) 서울북노회 창대교회(일산) 담임목사로 섬기고 있으며 프리셉트 전문 강사로 일산을 중심으로 1998년부터 8년째 90학기(10주 과정) 정도 신구약 성경을 강의하였다. 두루제자훈련원(두루선교회)을 설립하여 2004년 12월부터 1년 7학기로 정기세미나를 인도하고 있으며 현재 목회자반과 평신도반을 강의하고 있고 연세대와 서울대와 이화여대를 중심으로 캠퍼스 사역을 실시하고 있다.

논문: 제자훈련의 이론과 실제
교재: 두루제자화 과정

두 루 제 자 훈 련 원   제 자 화 과 정
제8권 제자훈련 3단계 그리스도인의 생활

초판1쇄 발행일 | 2008년 1월 2일
재판4쇄 발행일 | 2023년 5월 30일

지은이|이문선   펴낸이|김학룡   펴낸곳|엔크리스토
마케팅|유영진, 조형준   관리부|강주영,황동주,정원모
교정|김의수, 임유진   표지그림|진형주

출판등록|2004년 12월 8일(제2004-116호)
주소| 경기도 고양시 일산동구 장항동 585-2
전화|(031) 906-9191   팩스|0505-365-9191
이메일|9191@korea.com
공급처|(주)기독교출판유통

ISBN 978-89-92027-37-3 04230
        89-92027-02-8(세트)

● 잘못된 책은 바꾸어 드립니다.
● 이 교재의 사용 방법, 내용, 훈련, 세미나에 대한 문의는 두루제자훈련원(0505-500-0505)으로 해주시면 최선을 다해 도와드리겠습니다.